KB115919

미래에노

새로운 변화가 부른 대전환의 시대

미래예보

정호준 지음

모아북스
MOABOOKS

서문

대한민국의 미래와, 그 미래를 준비하는 우리의 앞날은 복잡하고 다양한 도전으로 가득 차 있습니다. 저는 이 책을 통해 이러한 도전을 분석하고, 대한민국이 나아가야 할 길을 모색하고자 합니다.

정치인으로서의 경험은 이 책을 쓰는 데 중요한 기반이 되었습니다. 국회에서의 경험은 정책 결정 과정의 복잡성과 다양한 이해관계자들 간 조율의 필요성을 깊이 이해하는 데 도움이 되었습니다. 이러한 경험은 이 책에서 다루는 다양한 주제, 특히 기술 혁신, 인구 구조 변화, 환경 문제, 국제 정치의 변화 등에 대한 깊은 통찰을 제공하였습니다.

저는 여기서 우리가 직면하게 될 도전들을 단순히 예측하는 것을 넘어 어떻게 하면 그 도전들을 극복하고 지속 가능한 미래를 열 수 있을지, 전략과 비전을 제시하고자 했습니다. 우리는 이러한 도전들이 주는 위기를 기회로 전환할 수 있으며, 그 기회를 통해 더 나은 미래를 열 수 있습니다.

저는 이 책이 대한민국의 미래를 위해 혁신적이고 창의적인 방안을 모색하는 중요한 지침이 되기를 바랍니다. 우리의 예측과 판단과 결정이 미래 세대에게 어떠한 영향을 미칠지를 항상 염두에 두어야 합니다.

이 책이 미래를 위한 준비, 더 나은 사회를 위한 공동의 노력을 촉진하는 데 중요한 역할을 하기를 바랍니다.

겨울 약수동에서,
제19대 국회의원 정호준

미래사회 변화 예측과 대응 전략

미래사회의 변화와 대응

　과학기술은 갈수록 더 놀라운 속도로 발전하고 있어서 더욱 앞날을 예측하기가 어려워진다. 과학기술의 발전뿐 아니라 그에 따른 인구 구조의 변화, 환경과 에너지 문제 등 사회 변화에는 복합적인 요인이 얽혀 불확실성이 더욱 커지고 있다. 그러나 이런 불확실성에도 불구하고 올바른 방향을 찾아 나아간다면 우리는 좀 더 나은 미래를 준비할 수 있다.

　미래사회의 변화를 구체적으로 예측해 들어가자면 그 사회가 처한 환경에 따라, 중점을 두는 관점에 따라 의견이 갈릴 수도 있겠지만, 몇 가지 중요한 줄기나 방향성에서는 대체로 일치할 것이다.

우리의 미래사회 변화 가운데 가장 중요한 변화로는 인구 구조의 변화, 과학기술 발전에 따른 사회 변화, 기후변화에 따른 환경 위기 등을 꼽을 수 있다.

인구 구조의 변화는 크게 두 가지로 볼 수 있다. 하나는 인구가 증가에서 감소로 돌아선 것이고, 다른 하나는 인구의 고령화가 심해지면서 사회가 점점 더 늙어가는 것이다.

인구 감소세는 합계출산율(가임 여성 1명이 평생 동안 낳을 것으로 예상되는 평균 출생아 수를 나타내는 지표)로 보면 그야말로 추락 수준이다. 1970년대 초반만 해도 4.50명을 웃돌던 합계출산율이 1980년대 중반에 2.0명대까지 떨어지더니 2018년에는 급기야 1.0명대 아래로 떨어졌다. 지난해에는 0.78명으로 역대 최저 출산율을 기록했고, 이후로도 획기적인 대책이 없는 한 반전은 기대하기 어려울 것이다.

한 국가가 인구 규모를 현상 유지하려면 합계출산율을 최소 2.0 이상은 유지해야 하지만, 우리나라는 세계에서 유일하게 0명대의 합계출산율을 6년째 이어오고 있다. 전체 인구는 이미 4년 전에 정점을 찍고 자연 감소세로 돌아서 감소세가 더욱 가파르게 진행되고 있다. 지금 수준의 합계출산율이 이어지면, 2023년 현재 5,135만여 명인 우리나라 인구는 2100년이 오기도 전에 절반 이하로 줄어들 것이다.

급격한 인구 감소로 청년 인구는 더욱 줄어드는 반면에 초고령화로 노인 인구만 늘어나 전체 사회를 지탱하는 생산력의 토대가 무너진다는 것이 가장 큰 문제다. 그만큼 생산연령인구의 부양인구 부담이 커져 사회가 생기를 잃고 마침내는 소멸의 위기에 빠질 수 있다.

우리나라는 2006년 저출산·고령사회위원회 설치를 계기로 인구 구조 변화에 좀 더 적극적으로 대응하고 나섰지만, 아직 낙관할 만한 성과를 내지는 못하고 있다. 그때부터 지금껏 줄산 및 육아 지원정책을 중심으로 관련 정책 집행에 300조 원에 이르는 막대한 재정을 투여했지만, 합계출산율 하락을 막지 못했을뿐더러 구조적인 문제는 여전히 해결의 실마리조차 찾지 못하고 있다. 사실 이 문제는 장기적인 정책을 수립하여 초당적으로 실행해야 해결을 볼 수 있는 국가적 과제다.

그러나 저출산 흐름을 개선하는 정책만으로는 미래를 온전히 대비할 수 없다. 그런 노력을 기울이는 한편으로 인구감소 시대에 대비한 경제사회 시스템으로의 전환을 준비할 필요가 있다. 경제활동인구 확충, 축소사회 적응력 강화, 고령사회 대비 등의 전략을 수립하고 정책을 개발하여 실행해야 한다.

"아마도 미래사회의 가장 큰 변화 요인은 기후변화로 상징되는 지구 환경의 위기가 될 것이다. 우리의 생활 방식, 생산 방식, 가치관의 변화가 선행되지 않으면 우리는 기후변화에 따른 지구 환경의 재앙을 피할 수 없게 될 것이다. 이 밖에도 더 다양한 변화 요소로 불확실성이 증폭되어 미래사회의 변화를 정확히 예측하기는 어렵다. 하지만 하나 분명한 사실은, 그럼에도 우리는 미래를 예측해야 하고 또 미래를 대비해야 한다는 것이다."

과학기술이 빠르게 발달함에 따라 미래사회의 인간관계는 과거의 같은 동네, 같은 학교 출신 등 '나' 와 같은 시공간적 배경을 가진 사람들 기반에서 전환되고 확장되어 '취향' 을 중심으로 넓고 옅은 관계를 이룰 것이다.

무엇보다 사람 가족의 역할을 기계가 대신할 것으로 보이는데, 성찰이 필요한 부분이다. 가족 대신 스마트홈 시스템에 의지하고 로봇을 가족 삼아 생활하게 될 것인데, '사람 사이에 사는 존재' 인 인간의 의미가 달라질 수도 있을 것이다.

과학기술 발전에 따라 진화를 거듭해온 로봇은 인공지능과 사물인터넷을 비롯한 첨단기술의 복합체로써 현재도 산업 전반과 다양한 기술 분야에 엄청난 파급력을 미치고 있지만, 미래사회의 패러다임을 크게 바꿔놓을 것으로 보인다.

또 인공지능과 사물인터넷에다 빅데이터와 정보통신기술의 융합으로 미래사회는 '초지능'과 '초연결'을 기반으로 모든 분야가 획기적으로 변화할 것이다. 이런 기반 기술을 적용하여 이미 상당한 수준의 자율주행 단계에 들어선 자동차를 시작으로 항공기, 선박, 각종 산업 운반 도구에 이르기까지 가까운 미래에 완전자율주행 시스템을 갖추게 될 것이다.

아마도 미래사회의 가장 큰 변화 요인은 기후변화로 상징되는 지구 환경의 위기가 될 것이다. 우리의 생활 방식, 생산 방식, 가치관의 변화가 선행되지 않으면 우리는 기후변화에 따른 지구 환경의 재앙을 피할 수 없게 될 것이다.

이 밖에도 변화의 더 많은 요인이 있지만, 앞에서 거론한 세 가지 요소만으로도 불확실성이 증폭되어 미래사회의 변화를 정확히 예측하기는 어렵다. 하지만 하나 분명한 사실은, 그럼에도 우리는 미래를 예측해야 하고 또 미래를 대비해야 한다는 것이다.

미래사회의 핵심 이슈와 도전 ─────────

새롭게 제기될 미래사회의 중요한 이슈는 무엇이고, 그것들은 우리에게 어떤 도전 과제를 제시할까?

미래사회 변화에서 기후변화와 그에 따른 에너지 전환 문제처럼 전 지구적인 이슈로 지속하여 제기되는 도전 과제도 적잖지만, 우리 사회만이 지닌 도전 과제도 만만치 않다.

전 세계가 하나로 연결된 인류 공통의 문제라서 대응하기가 가장 어렵기도 하고, 시간이 많이 남지 않아 가장 시급하기도 한 이슈는 지구 환경의 변화에 따른 과제다.

세계 각국이 '지구 환경 보호에 따른 기후 변화 억제는 인류의 생존이 걸린 문제' 라는 인식을 공유하고 있지만, 현실적 이해관계가 서로 엇갈려 탄소 중립을 달성하기 위한 에너지 전환, 자원의 선순환, 생활 방식과 생산 방식의 전환 같은 구체적인 실천에서는 만족할 만한 성과를 내지 못하고 있다.

그런 가운데 지구 온난화와 이상기후로 인한 생태계 변화, 동식물의 멸종 위기, 갑작스러운 홍수나 대형 산불 등으로 인한 기후 난민 발생 같은 온갖 재난이 끊이지 않고, 동식물의 서식지가 파괴되면서 이전까지 인간이 접하지 못한 세균이나 바이러스가 인간 사회에까지 창궐하게 되었다.

대기오염에 따른 미세먼지가 우리의 일상을 뒤덮어 호흡기나 심혈관 질환 발생이 급증하고, 강과 바다의 수질 오염으로 인한 미세플라스틱이나 중금속 노출의 증가로 인간은 물론이고 다른 동물들의 생명이 위협받고 있다.

심지어 선진국 사이의 무분별한 자원 개발 경쟁으로 인해 극지방과 심해에 이어 우주까지 오염과 공해에 시달리게 됨으로써 환경 문제는 지구를 넘어 우주의 문제가 되었다.

"디지털 세상의 도래 자체가 사회 구조의 가장 큰 변화다. 세상이 아날로그에서 디지털로 이행하는 가운데 과학기술이 급속하게 발전하면서 사회 구조가 전면적인 변화를 겪고 있다. 그런 가운데 우리 사회는 인구의 감소와 함께 고령화라는 설상가상의 문제에 직면했다. 그뿐이 아니다. 농어촌은 물론 지방 중소도시의 소멸 진행과 수도권 집중의 심화, 세대와 계층 간 가치와 이해관계의 충돌, 공교육의 붕괴 등 변화가 필요한 과제가 중첩되고 있다."

기후 변화나 환경 오염 같은 지구 환경 문제는 여러 주요 변수를 측정하면 어느 정도 그 향방을 예측하여 대응할 수 있지만, 세계 질서의 변화는 국가 간, 지역 간에 첨예한 이해관계가 얽히고설켜 당장 내일 일을 모를 정도로 불확실성이 크다.

19세기 영국의 외무장관과 총리를 지낸 헨리 존 템플이 1848년 의회에서 행한 "우리에겐 영원한 우방도, 영원한 적도 없다. 영원한 국익만 있고, 국익을 따르는 것만이 우리의 의무"라고 한 연설은 이후 국제 외교의 불문율이 되었으며, 오늘날에는 더욱 유효하다.

특히 세계에서 유일한 분단 국가로 남은 우리나라는 남북 충돌의 위험성에 더해 미국과 중국을 축으로 벌어지는 동북아 패권 전쟁의 중심지로 외교와 안보 정책에서 가장 모호한 처지에 놓여 있다. 이러지도 못 하고 저러지도 못 하는 숱한 딜레마에 직면해야 한다는 얘기다. 물론 이런 상황을 잘 이용하면 오히려 더없이 좋은 기회로 삼을 수도 있다.

실제로 "노태우 정부의 북방 정책은 우리 외교사에서 가장 획기적인 대전환"(문재인 전 대통령)을 이룬 사건이었다. 그로부터 우리 외교 안보 노선은 미국 편향에서 벗어나 다변화하여 균형을 갖추기 시작했고, 김대중 정부에서는 한반도 문제의 당사자로서 남북이 직접 대면하는 등 변화 기조를 안착시켰으며, 노무현·문재인 정부에서 이를 충실히 계승하여 더욱 진전시켰다.

미국과 중국은 미래 먹거리를 결정할 첨단과학기술의 패권 다툼과 무역 전쟁을 날로 더욱 치열하게 벌이면서 때론 극렬하게 대립하고 있다. 이미 사실상 경제공동체로 엮인 양국은 물밑 협상을 통해 타협하는 가운데 파국으로까지는 치닫지는 않겠지만, 지정학적 패권 다툼과 무역에서의 갈등은 더 깊어질 조짐이다.

이 두 거인의 틈바구니에서 외교 안보의 균형을 유지하는 가운데 경제적 실리를 확보하는 일은 우리에게 가장 중요하고도 어려운 도전 과제가 되었다.

우리 개개인의 일상으로 돌아와 보면 이미 도래한 '디지털 세상'이 더욱 첨단화하고, 보건의료 관점에서 일상이 전에 없는 다양한 병균과 바이러스에 노출되면서 많은 변화를 몰고 올 것이다. 경제·사회·문화 활동이 온라인을 중심으로 이루어지면서 이미 비대면 사회로의 이행 속도가 더욱 빨라지고 있다. 게다가 디지털 경제의 기반이 되는 플랫폼이 산업 전반을 선도하고 통제하는 수단으로도 기능하면서 오프라인에 기반을 둔 전통적인 제조산업은 역사의 뒤안으로 퇴장하게 되었다.

이제 전 세계는 디지털 연결망으로 촘촘하게 엮였을 뿐 아니라 인공위성을 통해 세계 어느 지역이든 개미 한 마리의 움직임까지 포착하게 되었다.

인간이 더 자유로울 목적으로 발전시킨 과학기술이 본의 아니게 인간의 자유를 점점 더 제한하게 되는 현실은 아이러니하면서도 새롭게 직면한 도전이다.

디지털 세상의 도래 자체가 사회 구조의 가장 큰 변화다. 세상이 아날로그에서 디지털로 이행하는 가운데 과학기술이 급속하게 발전하면서 사회 구조가 전면적인 변화를 겪고 있다.

그런 가운데 우리 사회는 인구의 감소와 함께 고령화라는 설상가상의 문제에 직면했다. 그뿐이 아니다. 농어촌은 물론 지방 중소도시의 소멸 진행과 수도권 집중의 심화, 세대와 계층 간 가치와 이해관계의 충돌, 공교육의 붕괴 등 변화가 필요한 과제가 중첩되고 있다.

자본주의가 신자유주의의 옷을 입으면서 이미 1980년대부터 세계적으로 본격화한 빈부의 양극화 심화 현상은 1997년 IMF

구제금융 사태를 계기로 우리 사회를 강타했다. 게다가 점점 더 극심해지는 자본의 횡포로 인해 일자리의 질이 갈수록 나빠지고 노동의 가치가 몰락하면서 우리 사회의 양극화는 돌이킬 수 없는 수준으로 벌어졌다. 그것이 사회 갈등의 도화선으로 작용하면서 숱한 사회 문제를 초래했다.

산업 현장에서는 많은 위험이 외주화하면서 노동의 안전을 아무도 책임지지 않는 일이 벌어져 위험의 일상화라는 이슈에 직면해 있다. 법적 보호장치가 무시된 작업 현장에서 사망 사고가 거듭되어도 그 순간만 모면하려는 말만 무성한 채 실제적인 변화는 좀처럼 이루어지지 못하고 있다.

위험의 일상화는 산업재해나 코로나 사태와 같은 보건의료 분야 외에 다른 측면에서도 일어나고 있다. 디지털 사회로 이행하는 가운데 개인정보와 프라이버시 보호에 구멍이 뚫리면서 개개인은 일상으로 온갖 범죄에 노출되는 위험에 처했다.

대한민국의 현재 위상과 미래 변화에 대한 대비 ————

우리는 미래의 변화를 예정할 수는 없지만, 현실을 토대로 예측하여 대비할 수는 있다. 기후 변화와 환경 오염, 세계 질서의 변화와 같은 글로벌 이슈를 생각하면 현실은 녹록지 않지만, 절망하기에는 아직 이르다. 지구 환경 파멸의 시계를 멈출 시간은 촉박하지만, 문제 해결 방안을 두고 활발하게 펼쳐지는 국제사회의 논의만큼 행동이 따라준다면 아주 늦지는 않았다. 희망의 불씨가 위태롭게나마 저만치서 깜박거린다. 꺼져가는 불씨를 살려 활활 불을 지피는 것은 인류의 생존이 걸린 절체절명의 과제다.

글로벌 이슈는 세계 공통의 과업이므로 우리도 그 문제 해결에서 국제적 위상과 국력에 걸맞는 역할을 해야 한다. 그렇다면 국력 측정 기준이 되는 주요 분야에서 대한민국의 국제적 위상은 어느 정도일까?

펜실베이니아대학 와튼스쿨이 전 세계 1만 7천 명을 대상으로 실행한 '2022년 글로벌 국력 순위' 인식 조사에서 우리나라는 미국, 중국, 러시아, 독일, 영국에 이어 6위에 올라 일본, 프랑스, 캐나다, 이탈리아 등 G7 회원국을 뒷줄에 세웠다.

우리나라는 20년 전에 이미 세계 10대 경제 강국의 반열에 올랐고, 2021년에는 공식적으로 개발도상국을 졸업하고 선진국의 지위를 부여받았다. 그러면서 서방 주요 선진국 정상회의

체인 G7에 거의 해마다 옵서버로 초청받아 참석하는 등 세계 경제의 성장을 이끌고 규범을 형성하는 선진국의 일원으로서 위상을 높여가고 있다.

"종합 6위로 평가되는 우리나라의 글로벌 국력 순위에서 하나 아쉬운 점은, 브랜드 파이낸스의 '소프트 파워' 분야에서는 15위로 평가되어 전체 국력에서 상대적으로 뒤처진 것이다. 이에 비춰보면 우리나라는 평판, 영향력, 국제관계, 문화유산, 미디어 등에서 더욱 분발하여 점점 더 나은 성과를 낸다면 머잖아 명실상부한 세계 5대 강국으로 발돋움할 것이다."

글로벌 국력 순위 인식 조사에서 우리나라가 가장 높은 평가를 받은 분야는 '혁신 역량'이다. 특히 세계 2위로 평가된 GDP 대비 연구개발비 비중은 4.9%로 G7 평균(2.6%)의 2배에 달했고, 특허출원은 세계 5위였다. 우리나라는 이런 혁신 역량을 기반으로 WIPO(세계지식재산기구)의 글로벌 혁신지수에서는 6위, 블룸버그 혁신지수에서는 1위를 기록했다.

경제력 분야에서는 수출시장 점유율이 6위였는데, IT 품목

수출 비중이 30%에 이르러 G7 평균(5%)의 6배나 되는 것으로 나타났다. 그만큼 뛰어난 미래형 산업 구조와 경쟁력을 가졌다는 의미다. 지난해 반도체 시장점유율이 미국(50.8%)에 이어 세계 2위(18.4%)를 기록했을 만큼 우리나라는 IT 강국의 위상을 고수하고 있다. 그밖에도 배터리 생산 점유율은 세계 5위, 글로벌 AI 지수는 세계 7위의 위치에 있으며, 세계에서 7번째로 독자적인 우주 발사체 기술을 개발하는 등 국제 안보에 영향을 미치는 주요 첨단 산업 분야에서도 위상을 높여가고 있다.

미국의 군사력 평가기관 GFP(Global Firepower)가 발표한 '2023년 세계 군사력 지수'에서 우리나라는 세계 6위로 평가되었는데, 비핵국가 중에서는 1위로 일본, 독일, 이탈리아, 캐나다 등 주요 선진국에 앞선 것으로 나타났다. 북한은 34위로, 남한과는 차이가 났다. GFP는 인구, 국방예산, 병력, 무기, 자원 등 60여 개 항목을 종합하여 군사력 지수를 산출한다. 하지만 이 군사력 지수만으로는 실제 전쟁 수행 군사력을 평가하기에는 부족하다는 의견이 있다. 그래서 핵무기 등 비대칭 공격 수단을 포함한 '실질적 군사력'을 측정하기도 하는데, 이에 따르면 전술핵과 생화학 무기를 사실상 보유한 것으로 평가되는 북한이 6위에 올라 있고, 남한은 10위로 밀려나 있다. 그만큼 핵무기는 전쟁이 일어나면 다른 첨단 무기들에 앞서 엄청난 위협 요소로 작용한다는 의미다.

우리나라의 글로벌 국력 순위에서 하나 아쉬운 점은, 브랜드 파이낸스의 '소프트 파워' 분야에서는 15위로 평가되어 전체 국력에서 상대적으로 뒤처진 것이다. 이에 비춰보면 우리나라는 평판, 영향력, 국제관계, 문화유산, 미디어 등에서 더욱 분발하여 점점 더 나은 성과를 낸다면 머잖아 명실상부한 세계 5대 강국으로 발돋움할 것이다.

차례

제2장 미래사회 핵심 이슈

제3장 대한민국의 미래 변화 대응 전략

제4장 미래를 위한 정책 제안

미래를 예측하는 것보다 더 중요한 것은
우리가 원하는 미래를 만들어가는 것이다

제1장

미래사회의 전망

미래사회의 가치를 정보기술, 사물인터넷, 클라우드, 빅데이터, 인공지능, 딥러닝, 지능형 모바일 등으로 표상되는 제4차 산업혁명 측면에서 보면 디지털화, 초연결, 초지능, 융합, 자기조직화, 지적 가치, 알고리즘 등이 키워드가 될 것이다. 모든 공공 서비스 및 정책에 인공지능 기반 알고리즘이 의사결정을 지원하고, 모든 산업이 지적 가치를 창출하는 지적 공학에 따라 재편될 것이다. 미래에는 인간과 기계의 공생에 따른 변화로 트랜스 휴머니즘, 사이보그 같은 새로운 가치가 창출될 것이다.

미래사회 가치관의 변화

미래사회 가치관은 현대보다 더욱 다양성을 포용하고, 지속 가능하며, 사회적 책임을 중시하는 방향으로 변화할 것이다. 그리고 세계화에 따라 날로 확대되어온 다문화의 영향으로 인해 전통적인 가치관이 쇠퇴하고 개방적 가치관이 근본에서부터 변화를 부를 것이며, 지속가능성과 사회적 책임은 미래사회의 핵심 가치로 자리 잡을 것이다.

현대 사회의 가치와 미래사회의 가치 차이

민주주의 사회의 가치는 그 사회구성원의 가치관에 따라 구성된다. 사회구성원의 가치관이 변하면 그 사회에 요구되는 시대적 가치도 변하게 마련이다. 그런데 국가 사회는 각기 다른 가치관을 지닌 여러 세대로 구성되어서 세대 간 갈등을 빚게 마련이지만, 서로에 대한 이해와 인정을 바탕으로 잘 융합하면 시너지 효과를 발휘하기도 한다.

한 세대의 가치관 형성에는 성장 환경과 시대 정신이 가장 큰 영향을 미친다. 그러니 조부모 세대와 부모 세대 그리고 자식 세대의 가치관이 같을 리가 없고, 또 같아서도 문제가 있다. 그런데 우리는 이런 간단한 상식을 망각하곤 한다. 부모 세대는 자식 세대에게 자신의 가치관을 강요하고, 자식 세대는 부모 세대의 가치관을 시대착오적이라고 폄훼하는 일이 흔히 벌어진다.

1950~1970년대 우리 사회를 배경으로 한 영화 〈국제시장〉을 보면, 전쟁과 가난 속에서 아버지 대신 가족의 생계를 책임지게 된 덕수는 독일 광산이든, 베트남 전쟁터든 가족을 돌볼 돈을 벌 수만 있다면 물불 가리지 않고 뛰어든다. 그에게 희생은 운명 같은 거라서 당연한 일이다.

격동의 1940~1960년대에 태어나 풍운의 세월을 살아낸 구세대는 이 영화를 보면서 하나같이 눈물을 흘리며 공감한다. 하지만 그 시대를 전혀 경험하지 못한 신세대까지 그 공감을 공유하기를 바라는 건 무리다. 또 바라서 될 일도 아니다.

〈국제시장〉 주인공의 다음 세대를 주인공으로 쓴 소설을 각색한 영화 〈82년생 김지영〉은 서른네 살 경력 단절 여성의 삶을 통해 2000년대 우리 사회 여성이 맞닥뜨린 차별과 불평등 문제를 고발한다. 신세대의 공감을 얻은 소설에 이어 영화도 크게 주목받아 사회적 반향을 일으켰다.

하지만 고진감래한 끝에 사회의 높은 자리에 올라 일하다가 은퇴했거나 은퇴를 앞둔 구세대는 그 영화를 보고는 "아니 뭐, 저런 말도 안 되는 영화가 다 있나 그래?" 하는 반응이 주류를 이룬다. 그러면서 "나 때는 말이야…"로 시작되는 고생담을 영웅담처럼 늘어놓게 되면 세대 간 소통은커녕 기본적인 대화조차 가로막히고 만다. 앞에서 예로 든 구세대의 가치관이 과거 사회의 가치를 구성했다면, 신세대의 가치관은 현재 사회의 가치를 구성한다. 미래사회의 가치는 2000년 이후에 태어난 밀레니엄 세대의 가치관을 바탕으로 구성될 것이다.

"미래사회의 가치를 정보기술, 사물인터넷, 클라우드, 빅데이터, 인공지능, 딥러닝, 지능형 모바일 등으로 표상되는 제4차 산업혁명 측면에서 보면 디지털화, 초연결, 초지능, 융합, 자기조직화, 지적 가치, 알고리즘 등이 키워드가 될 것이다. 모든 공공 서비스 및 정책에 인공지능 기반 알고리즘이 의사결정을 지원하고, 모든 산업이 지적 가치를 창출하는 지적 공학에 따라 재편될 것이다."

우리 사회의 가치를 시대별로 정리하자면, 1960년대 산업화 시대에는 먹고사는 경제 가치가 핵심 가치였고, 1980년대에는 정치적 자유와 개인의 삶이 보장되는 사회 가치가 핵심 가치로 작용했다. 민주화 직후인 1990년대에는 세계화와 다양성, 경쟁과 효율성을 중시하는 시장 가치가 핵심 가치로 자리 잡았다. 2000년대 들어서는 공공의 이익과 사회적 가치 실현, 환경 문제 극복과 착한 소비와 같은 공유가치가 핵심 가치로 등장했다. 미래에는 정신적 가치와 공존의 가치가 핵심 가치로 작용할 것이다.

미래사회의 가치를 정보기술, 사물인터넷, 클라우드, 빅데이터, 인공지능, 딥러닝, 지능형 모바일 등으로 표상되는 제4차 산업혁명 측면에서 보면 디지털화, 초연결, 초지능, 융합, 자기조직화, 지적 가치, 알고리즘 등이 키워드가 될 것이다. 모든 공공 서비스 및 정책에 인공지능 기반 알고리즘이 의사결정을 지원하고, 모든 산업이 지적 가치를 창출하는 지적 공학에 따라 재편될 것이다.

미래에는 인간과 기계의 공생에 따른 변화로 트랜스 휴머니즘, 사이보그 같은 새로운 가치가 창출될 것이다.

한 가지 덧붙이자면, 흘러간 유행이 변화의 흐름을 타고 다시 첨단의 유행이 되기도 하듯이, 구시대의 가치로 밀려나 잊혀가던 과거의 가치가 과학기술의 발전에 따른 사회 구조의 변화로 인해 미래 가치로 거듭나기도 한다.

제4차 산업혁명으로 사회적 관계가 오프라인에서 온라인으로 전환되는 과정에서 플랫폼 생태계를 창조하고 주도하는 기업이 미래 가치를 바꿔놓게 될 것이다.

가령, 자본주의 사회가 본격화하면서 빛을 잃어가던 협력과 공생의 가치가 디지털 혁명으로 인해 미래 가치로 더욱 주목받게 될 것이다. 디지털 세계는 시·공간적으로 경계와 한계가 사라진 열린 세계. 열린 세계에서는 하나의 플랫폼이 제아무리 '자기완성형'을 자랑할지라도 폐쇄적인 상태로는 지속하기 어렵다. 플랫폼과 플랫폼이 하나로 연결되어 협력하고 공생하는 가치를 구현해야 지속할 수 있게 되었다.

세계화와 다문화주의의 영향

세계화에 따른 인구 이동은 전 세계에서 동시다발적으로 일어나는 현상이다. 우리 사회도 2000년대 들어서면서 노동, 혼인, 유학, 귀화 등을 목적으로 외국인이 대거 유입되었다. 단일민족국가임을 내세워온 우리 사회는 아직도 은연중에 그런 의식이 남은 가운데 단기간에 급증한 거주 외국인 및 이주민과의 관계 설정이 당면 과제가 되었다.

현재 재한외국인 처우 기본법, 다문화가족 지원법 같은 일련의 법률과 정책이 시사하듯이 우리가 채택하고 표방한 다문화주의는 그 속을 들여다보면 사실상 동화주의에 가깝다는 혐의가 짙다. 그러고 보면 거주 외국인 및 이주민과의 진정한 융화에는 다문화주의를 뒷받침하는 법률이나 정책도 중요하지만, 우리의 인식과 태도의 변화가 더 중요할 수도 있다.

우리 한국 사회와 같이 오랜 세월 단일한 역사적·문화적 동질성을 유지하면서 일정 영역에서 배타적으로 생활해온 공동체는 외부로부터의 충격에 매우 민감하게 반응하게 마련이다. 이주민과도 쉽게 융화하지 못하고 공동체에 가해오는 도전으로 인식된 나머지 긴장과 갈등을 빚기 쉽다.

"실제로 모든 인간 사회는 다문화적이며, 단지 그 방식이 다를 뿐이다. 그러나 이를 무시하면 근본주의에 빠져 사회 정치적 통합이 위험해진다. 순수성의 논리에 표류하지 않도록 우리 사회를 보호하려면 다문화주의를 받아들여야 한다."

사실 국경을 초월하는 이주에 따른 다문화주의는 세계가 하나로 연결된 차원에서 다층적으로 발생하는 현상으로 개별 국가가 독자적으로 다룰 차원을 넘어선다. 지구 온난화의 시계를 멈추기 위한 탄소 중립이 전 세계적인 공동 과제이듯이 다문화주의 역시 초국가적 사안으로 세계 차원의 과제임이 분명하다. 더구나 다문화주의는 논의의 대상이 사람이라는 점에서 환경이나 무역 분쟁 같은 사안보다 문제의 본질이 더욱 복잡하다.

저출생에 따른 자연 인구감소 문제와 이른바 3D 업종의 노동력 부족 문제를 해결할 유력한 대안으로 거론하는데, 상당한 공감과 설득력을 얻고 있다. 그러나 다문화주의를 그런 목적론에 기대어 기능적으로만 접근한다면 다문화주의가 지닌 본연의 가치를 실현하기는 어려울 것이다. 더불어 사는 공동체 실현의 이상은 멀어지고 양극화에 따른 차별에 이어 또 다른 차별을 낳는 불행한 결과로 귀착되고 말 것이다.

'저렴한 가격'에 쓸 수 있는 외국인 가사도우미 도입을 검토한다는 정부의 인식이나 '대체로 영어로 의사소통이 잘되고 사람만 괜찮으면 100만 원 이하 외국인 가사도우미 도입이 긍정적'이라고 보는 시민의식은 다문화주의를 대하는 우리의 현실을 잘 보여준다.

이런 인식과 태도는 외국인을 값싼 노동력으로 활용하자는 경제적 편익 추구에 불과할 뿐 더불어 사는 공동체를 이루는 다문화주의와는 거리가 멀다.

우리가 진정으로 다문화주의를 받아들이고자 한다면, 오랫동안 단일민족국가임을 자랑스럽게 내세워온 가운데 형성된 신화가 이데올로기로 굳어져 우리도 모르게 편협한 배타성에 사로잡힌 것은 아닌지 성찰이 필요하다.

벨기에의 정치학자 마르코 마르티니엘로 교수 역시 단일문화 사회와 다문화사회의 구별을 신화로 규정한다. 오랫동안 단일문화 신화에 젖어온 우리는 그의 통찰을 경청할 필요가 있다.

"실제로 모든 인간 사회는 다문화적이며, 단지 그 방식이 다를 뿐이다. 그러나 이를 무시하면 근본주의에 빠져 사회정치적 통합이 위험하게 된다. 순수성의 논리에 표류하지 않도록 우리 사회를 보호하려면 다문화주의를 받아들여야 한다."

지속가능성과 사회적 책임

지속가능성의 사전적 의미는 "특정한 비율이나 수준을 계속해서 유지할 수 있는 능력"이다. 기업 경영 차원에서는 "경영환경의 영향에 상관없이 수익성을 유지한다"는 의미에 가깝다. 지구 환경 차원에서는 대체로 "기후 변화를 늦추고, 다음 세대를 위해 지구의 천연자원을 보존한다"는 의미로 이해된다.

오늘날 지속가능성의 의미는 경제, 사회, 기업의 다양한 협력과 사회적 책임을 포괄하는 개념으로 진보했다. 국가의 법률과 기업 정책도 친환경과 공정을 통한 지속가능성을 추구하는 방향으로 변화하고 있다.

유엔은 1987년에 '지속 가능한 개발' 개념을 처음으로 제시하고, "미래 세대의 수요를 충족시킬 능력을 손상하지 않는 한도 내에서 현재의 수요를 충족시키는 것"으로 정의했다. 우리가 어떤 정치적·경제적 결정을 내리고 행동에 나설 때는 그에 따라 장기적으로 환경과 사회에 미칠 파장을 함께 고려해야 한다는 함의다.

  흔히 환경 · 경제 · 사회를 지속가능성의 3대 핵심 요소로
꼽는다. 지속가능성을 달성하려면 특정 정책이나 경영 관행
이 환경 · 경제 · 사회의 3면에 미칠 영향을 함께 고려해야 한
다는 것이다. 기업 경영에서 지속가능성은 "기업의 사회적 책
임"으로 표상된다. **기업이 의사결정 과정에서 지구 환경과 인
간 사회에 미치게 될 지속적인 영향을 함께 고려해야 한다는
의미다.**

  지구 환경 보존은 지속가능성에서 인류의 생존을 담보하는
가장 중요한 요소다. 앞에서 '기업의 사회적 책임'을 얘기했지
만, **지구를 사용하면서 사는 개개인도 지구 환경 보존에 관한
한 일상생활에서 사회적 책임을 질 의무가 있다. 환경 쓰레기
배출을 최소화한다든지 자원의 재사용을 극대화한다든지 친환
경 제품을 사용한다든지 에너지 사용을 절제한다든지 나무를
심는다든지 하는 노력도 사회적 책임을 지는 것이다.**

  기업 차원에서는 환경에 긍정적인 영향을 미치는 방향으로
제품 생산 방식을 변화할 필요가 있다. 제품 포장을 간소화하
는 것만으로도 사회적 책임의 효과는 물론 경영상의 이점도 누

릴 수 있다. 지구 자원 사용의 반감에 따라 쓰레기 배출도 반감하고, 운송비와 포장비의 감소로 제품의 채산성까지 높아진다.

지속가능성 제고를 위한 가장 효과적인 접근 방식은 기업 전반의 활동이 환경에 미치는 영향을 측정하여 부정적 영향을 줄일 수 있는 구체적인 목표 설정과 함께 세부 지침을 마련하여 꾸준히 실천하는 것이다.

02
기술 발전과 사회 구조의 변화

  생산성과 효율성을 높이고 새로운 산업을 창출하는 기술 발전은 먼저 경제 구조를 바꿔놓는다. 정보기술의 발전으로 디지털 경제와 지식 경제가 강화되고, 새로운 산업 분야의 등장으로 산업 구조가 변화한다.

  그러면 자연히 직업의 변화가 뒤따른다. 생산 수단의 자동화로 일부 직업이 사라지고 새로운 직업이 생겨나면서 일자리의 형태와 수요가 변화한다. 일부 직업은 기계와 인공지능으로 대체되고, 새로운 디지털 직업이 등장하는 것이다.

  기술 발전은 궁극적으로 사회 구조의 변화를 부른다. 인터넷과 소셜 미디어의 발전으로 정보의 전달과 공유가 아주 쉬워지고 거의 무한대로 확장되면서 의견과 정보의 다양성이 증가하고 사회적 관계에 영향을 미친다.

  특히 디지털 기술의 발전은 교육 및 문화·미디어의 방식과 내용을 혁신적으로 바꾸어 놓았다. 온라인 교육, 원격 학습, 개인 맞춤형 학습 플랫폼 등의 출현으로 교육과 학습 환경이 크게 개선되었다. 문화와 미디어 분야도 온라인 엔터테인먼트, 스트리밍 서비스, 소셜 미디어를 통한 콘텐츠 공유로 다양하게 변화하고 있다.

오늘날 4차 산업혁명으로 일컬어지는 비약적인 기술 발전으로 인해 사회 구조와 일상생활이 큰 변화를 겪을 것이다. 디지털화와 초고속 연결망은 우리 일상의 거의 모든 부분을 놀랍도록 바꿔놓을 것이다.

제4차 산업혁명의 영향과 상상의 미래

제4차 산업혁명에 따른 미래사회 변화는 그 동인을 사회·경제적 측면과 기술적 측면으로 나눠 볼 수 있다.

사회·경제적 측면에서는 생산방식의 변화, 기후 변화 등을 변화의 동인으로 꼽을 수 있고, 기술적 측면에서는 모바일 인터넷, 클라우드 기술, 빅데이터, 사물인터넷(IoT), 인공지능(AI) 등을 변화의 동인으로 꼽을 수 있다.

기술적 측면의 변화 동인, 즉 빅데이터·로봇·자동화와 같은 최신 기술이 이미 산업 현장에 적용됨으로써 기업의 생산성이 크게 향상되고 있다. 이에 따른 영향으로 미래 일자리 지형과 노동시장이 크게 변화할 것이다. 기술 발전은 이미 단순 업무에서부터 복잡한 업무까지 자동화시켜 일자리뿐만 아니라 업무 영역에서도 커다란 변화를 일으키고 있다.

특히 소프트웨어나 빅데이터와 같은 정보통신 기술의 발달로 거의 모든 업무 영역이 자동화되는 가운데 인공지능과 기술의 융합에 기반을 둔 스마트 공장, 사이버 물리 시스템과 같은 혁신적인 생산시설과 공정이 생산 과정을 거의 완벽하게 자동화하고, 자율주행기술 및 3D 프린팅 기술 등이 등장함으로써 일자리는 물론 산업 지형이 크게 변화하고 있다.

기술 발전으로 인한 자동화로 현재 직업의 절반이 20년 이내에 사라질 것으로 보인다. 제조업 분야에서는 기계가 인간의 업무를 대체함에 따라 더욱 많은 일자리가 사라질 것이며, 심지어 의료나 법률 서비스를 판매하는 전문직의 상당수도 인공지능에 자리를 내주고 밀려날 것으로 예측된다.

그러나 기술 발전에 따라 사라지는 일자리만 있는 게 아니다. 다양한 분야에서 새로운 일자리가 생기고, 고숙련 노동의 수요가 증가할 것이다. 특히 제4차 산업혁명의 변화 동인에 관련된 기술 분야에서는 많은 새로운 일자리가 생겼고, 앞으로도 계속 더 생길 것으로 보인다.

이런 변화와 전환의 과정에서는 적잖은 부작용과 사회 문제가 발생하게 마련이다. 이런 과도기의 문제를 예측하여 적절히 대응하고 빈틈없이 관리해야 변화가 위기가 되지 않고 기회가 될 수 있다.

"메타버스로 인해 현실에서 체험할 수 없는 것들이 상상의 공간에서는 현실의 자아를 대신해 체험할 수 있게 되었다. 이런 기술이 문화, 교육, 마케팅, 서비스, 제조 등의 사회와 산업 전반에 적용되면 우리의 일상은 그야말로 혁명적으로 변화할 것이다."

제4차 산업혁명의 영향은 여기서 머물지 않을 것이다. 상상하는 많은 것이 가까운 미래의 현실이 될 것이고, 그런 미래의 주역이 될 Z세대의 대세 기술은 메타버스가 될 것이다. 메타버스가 만든 가상세계에서 Z세대는 코로나 격리와 같은 물리적 한계를 넘어 강변 공원에 모여 앉아 라면을 먹고, 강변 카페에서 밤늦도록 얘기를 나눌 것이다. 이렇듯 수많은 플랫폼은 가상세계에서 현실의 물리적 제약을 벗어난 자유로운 디지털 세상, 즉 메타버스를 구현해갈 것이다.

메타버스는 현실과 가상이 융합된 세상으로, 증강현실(디지털 데이터를 겹쳐 보여줌으로써 증강되는 현실), 라이프 로깅(디지털 세계에 개인의 일상을 업데이트하는 기술), 거울 세계(현실 세상을 가상세계에 구현한 디지털 트윈), 가상현실(가상공간을 현실로 느끼게 해주는 컴퓨터와 인간 오감의 상호작용)을 기반으로 구현된다. 구현되는 공간과 객체에 따라 메타버스가 분류되지만, 현실과 가상의 융합으로 이들 간의 경계는 허물어진다. 이렇게 디지털화된 시간과 공간 그리고 인간은 손쉽게 연결되면서 분해와 융합이 자유로워진다.

메타버스로 인해 현실에서 체험할 수 없는 일이 상상의 공간에서는 현실의 자아를 대신해 체험할 수 있게 되었다. 이런 기술이 문화, 교육, 마케팅, 서비스, 제조 등의 사회와 산업 전반에 적용되면 우리의 일상은 그야말로 혁명적으로 변화할 것이다.

디지털화와 사회 관계망

　세계 최고의 디지털 기반을 통한 우리 사회의 급속한 디지털화는 사실 김대중 정부의 초고속 인터넷망 구축에 대한 의지와 결단 그리고 집중적인 예산 투자와 정책 실행에 힘입은 바 크다.

　1997년, 부도 직전에 몰려 IMF에 구걸해야 하는 신세로 추락한 국가를 물려받은 김대중 대통령 당선인은 손정의 소프트뱅크 회장과 빌 게이츠에게 조언을 구해 "망하기 직전에 놓인 국가의 회생 방안"을 하나 얻었는데, 바로 "초고속 인터넷으로 세계 제일이 되는 것"이었다.

　1998년 김대중 정부 출범 당시 1만 4천 명에 불과했던 국내 초고속 인터넷 가입자 수는 불과 5년 후에 1,040만 명을 넘어섰다. 이때 추진한 사이버코리아21 프로젝트는 초고속 인터넷망의 전국 보급을 비롯한 다양한 연관 정책으로 디지털 사회와 디지털 산업의 기반을 마련했다. 전자정부도 김대중 정부가 시작한 것이다. 당시 〈뉴욕타임스〉는 이런 상황을 감탄과 경이의 시선을 담아 전 세계에 전했다.

　"한국 정부는 통신과 인터넷 서비스산업의 규제를 해제하고

이 분야를 집중적으로 육성했다. 주부들에게도 IT 교육프로그램을 제공하고, 조등학교에서 고등학교까지 초고속 인터넷망을 설치한 세계 최초의 국가가 되었다."

우리 사회는 하루가 다르게 변화하고 있다. 거의 모든 분야가 디지털화된 덕분이다. 아날로그에서 디지털로의 전환은 정보통신기술의 발전으로 산업사회에서 지식정보사회로 넘어가는 제3차 산업혁명의 시대를 열었다.

미래학자 앨빈 토플러가 《제3의 물결》을 내놓으면서 제시한 개념이기도 한 제3차 산업혁명은 흔히 디지털 혁명 또는 정보통신혁명으로 불린다.

이렇게 디지털화한 세상을 요람 삼아 2000년대 들어 블록체인, 인공지능과 같은 혁신적인 기술의 진보가 급속하게 이루어짐으로써 '제4의 물결'이 숨 가쁘게 몰아쳤다.

인류는 18세기에서 19세기에 걸쳐 **영국에서 일어난 두 차례의 산업혁명을 시작으로, 기원전 1만 년경 신석기 농업혁명 이후 발전시켜온 농경사회를 300여 년 만에 전면 해체하고 새로운 도시산업사회로 탈바꿈시켜왔다.** 국가 경제 기반을 농지에서 에너지로, 농업에서 상업과 공업에 이어 지식정보산업으로,

농민에서 공장노동자에 이어 지식정보산업인으로, 농촌에서 도시에 이어 초거대도시로 탈바꿈시킨 것이다.

한국은 더욱 빠른 속도로 이러한 변화를 답습하여 유례없는 압축 성장을 이룩했다. 산업화를 시작한 지 불과 한 세대 만에 농경사회를 해체하고 도시산업사회, 지식정보사회로 탈바꿈하는 기적을 연출한 것이다.

"디지털 기술이 더욱 발전하면서 빅데이터 시대가 열리고, 이를 기반으로 사물인터넷(IoT)이 등장했다. 사물인터넷은 제2의 디지털 혁명이다. 사람과 사람 사이의 연결을 넘어 사람과 사물 사이, 사물과 사물 사이를 자유롭게 연결함으로써 스마트 시대를 열었다."

디지털 혁명은 시공간을 초월하여 사람 사이를 연결함으로써 사회 관계망(social network)의 무한한 확장을 불렀다. 디지털 혁명이 낳은 사회 관계망은 전 세계를 다양한 공동의 커뮤니티로 구성하는 온라인 사회를 출현시켰다.

디지털 기술이 더욱 발전하면서 빅데이터 시대가 열리고, 이를 기반으로 사물인터넷(IoT)이 등장했다. 사물인터넷은 제2의 디지털 혁명이다. 사람과 사람 사이의 연결을 넘어 사람과 사물 사이, 사물과 사물 사이를 자유롭게 연결함으로써 스마트 시대를 열었다. 스마트폰을 비롯하여 스마트홈, 스마트시티, 스마트오피스, 스마트빌딩, 스마트팩토리 같은 최첨단 이기(利器)들은 모두 사물인터넷 기술로 만들어졌다. 이제 인공지능까지 장착한 사물인터넷은 완전자율주행 자동차, 즉 스마트자동차를 실현해가고 있다.

사회 관계망은 '소셜 네트워크'를 우리말로 순화한 용어다. 우리가 흔히 사용하는 SNS는 '소셜 네트워크 서비스'로, 사회 관계망을 통해 소통하고 대화하는 것을 말한다. SNS는 이미 오프라인에서 알고 있던 사람과의 인맥 관계를 강화하고, 온라인을 통해 새로운 인맥을 쌓는 두 가지 기능이 있다.

사회 관계망은 개인 간의 온라인 소통뿐 아니라 다양한 분야에 활용되어 사회 구조를 변화시켰다. 소셜 미디어는 1인 커뮤니티로서 온라인에서 개인의 정보를 공유할 수 있게 하고 의사소통을 돕는다. 소셜 커머스는 소셜 네트워크를 이용해 이뤄지는 전자상거래다. 구매 커뮤니티를 형성한 구성원들이 공동구매를 통해 일정 상품을 대량 구매함으로써 대폭의 할인율을 적용받는 매력이 있다. 게다가 여기서는 화장품이나 옷 같은 물건뿐만 아니라 패션, 연애, 음악, 문학 같은 지식상품을 사고파는 지식시장까지 열린다.

공공 부문의 사회 관계망 활용도 활발하다. SNS를 통해 정책을 홍보하거나 민원을 접수하고 각종 영수증을 전달한다. 게다가 영상으로 민원 해결 과정을 보여줌으로써 기관의 호감도를 높인다.

하지만 SNS에 순기능만 있는 것은 아니다. 피츠버그대학교 건강과학연구소가 조사한 바에 따르면, 일주일에 58회 이상 SNS로 다른 사람과 소통하는 사람이 일주일에 9번 이하로 이용하는 사람보다 3배나 더 외로움을 느낀 것으로 나타났다. SNS를 이용할수록 외로움을 더 느끼는 것인지, 외로워서 SNS를 더 이용하는 것인지는 명확하게 밝혀지지 않았지만, 사람을 직접 만나지 못하는 갈증이 SNS로는 해소되지 않는 것만은 분명하다.

기술이 아무리 발전하고 세상이 아무리 변화해도 인간의 외로움을 달래줄 위안은 온라인에 있지 않고 여전히 오프라인에 있다는 사실이 반갑다.

기술의 발전과 일상생활의 변화

인류가 시작된 이래 기술의 발전은 일상생활을 변화시켰다. 오늘날의 최첨단 과학기술만이 인간의 일상을 바꿔놓는 것은 아니다. 경작기술의 발전에 따른 농업혁명이 신석기인들의 일상생활을 변화시킨 것이 우리가 인류사에서 처음 목격한 대전환이다. 예나 지금이나 기술의 발전으로 생산 방식이 바뀌면 자연히 그에 따라 일상생활도 변화를 겪었다. 생산 방식이 바뀌면 인간의 모든 생활양식도 바뀐다. 주거 환경도 바뀌고, 이동 수단도 바뀌고, 가족 형태도 바뀌고, 인간 관계도 바뀌고, 마을이나 지역 사회의 성격도 바뀌고, 노동 환경도 바뀐다. 많은 경우 국가 형태도 바뀐다.

"기술 발달은 우리의 일상생활을 크게 변화시켰을뿐더러 인류 문명의 발전에도 크게 이바지했다. 생명공학은 식량 부족 문제를 해소하도록 했으며, 질병의 예방법이나 새로운 치료법을 제공하여 건강하게 오래 사는 길을 열었다."

오늘날의 기술 발전은 지금까지와는 차원이 다른, 그야말로 획기적이고도 비약적인 발전이어서 생산 방식을 바꾸는 데 그치지 않고 인간 세상이 작동하는 패러다임을 바꿔놓고 있다. 상상으로만 여겨지던 것들을 실현하여 아예 딴 세상을 만들어 놓는다.

인공지능의 발명으로 로봇 분야의 기술 발전은 가장 눈부시다. 프로그램과 센서를 통해 인간의 한낱 보조 도구로 기능하던 기계가 이제 인간과 대화까지 할 수 있게 되었다. 감정이 메마른 사람을 일러 '기계 같다'고 하는데, 곧 그런 표현도 사라지게 생겼다. 기계도 생각하고 감정을 갖는 것이 그다지 먼 미래의 일이 아니라는 것이 많은 과학자의 예측이다.

그런 기계를 '소셜 로봇'이라 하는데, 인간과 사회적 교감을 나누거나 자율적으로 움직인다. 기계가 인간의 일상생활에 적극적으로 관여하고 타자로서 기능하며, 상호공존하는 세상이 눈앞에 와 있는 것이다.

소셜 로봇은 사용자의 행동 패턴을 저장한 데이터를 통해 신체 및 심리 상태를 분석하여 상황에 맞춰 적절히 대응할 수 있을뿐더러 대화는 기본이고 정서적 교감까지 나눌 수 있다. 게다가 인간과 사회적 관계를 형성할 수 있다. 고령 인구와 1인 가구의 증가 추세에 따라 소셜 로봇의 수요가 머잖아 급증할 것으로 보인다.

　기술 발달은 이처럼 우리의 일상생활을 크게 변화시켰을뿐더러 인류 문명의 발전에도 크게 이바지했다. 생명공학은 식량 부족 문제를 해소하도록 했으며, 질병의 예방법이나 새로운 치료법을 제공하여 건강하게 오래 사는 길을 열었다.

　하지만 **기술 발달이 문명 발전에만 사용되는 데 그치지 않고 문명을 파괴하는 데까지 사용되어 핵무기를 비롯한 대규모 살상 무기 앞에서 온 인류를 공포에 떨도록 만들었다.** 또 기술 발달로 촉발된 물질문명의 급속한 확장으로 인해 자연환경이 크게 훼손되고 오염되면서 지구 생명체의 생활 터전을 위태롭게 만들었다.

　개인 차원으로 보면 기술 발전으로 인해 사생활 노출과 침해의 위험이 갈수록 더욱 커지고 있다. 그런 가운데 자신의 인권이 침해당한다는 사실조차 알지 못한 채 심각한 인권 침해를 당하는 경우가 날로 늘어나고 있다.

　기술 발전으로 인해 발생하는 위험을 최소화할 방안을 모색하여 실행해야 기술 발전이 인간 사회에 주는 효용을 최대한으로 누릴 수 있을 것이다.

03

인구 구조와 노동시장의 변화

우리나라 인구 구조의 변화에서 가장 우려되는 바는 인구감소와 고령화다. 이 두 가지 요소는 지역이나 국가의 소멸에 관련된 문제로, 노동시장을 재편시킬 것이고 경제에 두루 큰 영향을 미칠 것이다.

평균기대수명 증가와 합계출산율 감소로 급속하게 고령화해가는 우리 사회의 인구 구조는 이미 우려의 수준을 넘어섰지만, 아직껏 뾰족한 개선 대책은 나오지 않고 있다. 합계출산율의 하락은 경제활동인구의 감소를 불러 노동시장에 직접적인 영향을 미친다. 이에 따라 산업 구조도 적잖이 변화할 수밖에 없다.

그렇지않아도 이미 오래전부터 직종별·직장별로 극심한 공급 불균형 상태에 빠진 우리나라 노동시장은 인구 구조 변화의 영향을 본격적으로 받게 되는 시점에서는 혼란이 가중될 우려가 크다.

고령화 사회와 그 영향

인구의 고령화는 노동력 감소로 이어질 수밖에 없다. 노동인구가 고령화되고 고령자의 노동참여율이 낮아질수록 노동력 공급이 그만큼 줄어들어 기업과 산업 현장에서 노동력 확보에 어려움을 겪게 마련이다.

복지 및 사회안정 분야도 인구 고령화의 영향을 받는다. 관련 예산이 대폭 늘어나고 정책 방향의 변화가 요구된다. 노동참여율이 현저히 떨어지는 고령 인구가 늘어남에 따라 사회보장제도와 노인복지정책 등을 개편할 필요가 생긴다. 또 인구 구조에서 상당한 비중을 차지하는 노인의 사회 참여와 경제 공헌을 통한 자아성취 기회를 확대하고 촉진하기 위한 중장기 대책도 필요하다.

고령 인구의 증가는 노동력의 생산성과 창의성에도 영향을 미친다. 또 외국인 노동력의 유입과 여성의 노동시장 진출에도 영향을 미쳐 노동 인력의 다양성을 증가시킨다. 특히 외국인 노동력 유입에 따른 다문화 인구의 증가는 다양한 문화와 언어를 반영한 다양한 업무 환경과 인재의 유입을 의미한다. 이는 기업의 국제화와 세계시장 진출 기회를 제공하는 긍정적인 영향을 미치게 될 것이다.

사회와 노동시장의 안정을 위해 인구의 고령화에 적절히 대처하려면 중앙정부, 지자체, 기업, 교육기관, 민간 할 것 없이 다양한 이해관계자의 협력 체계가 필요하다.

저출산과 고령화는 우리만의 문제가 아니다. 일본은 이미 오래전에 고령화로 인한 극심한 사회 변화를 겪으면서 그에 적절히 대처하는 상당한 정책적 경험을 쌓아왔다. 일본뿐 아니라 다른 주요 선진국도 고령화 사회의 문제를 안고 있기는 마찬가지다. 미국의 사회학자 조앤 윌리엄스 교수는 노동, 여성, 계급 분야의 세계적인 전문가다. 그는 지난해 한국의 합계출산율이 0.78명이라는 사실을 전해 듣고 경악했다.

"대한민국 완전히 망했네요. 와! 그 정도로 낮은 수치의 출산율을 들어본 적도 없어요."

합계출산율은 가임기 여성이 평생 낳는 자녀 수를 가리키는 수치다. 합계출산율 0.78명은 전 세계에서 가장 낮은 수준으로, OECD 평균 합계출산율(1.59명)의 절반에도 미치지 못한다. 우리보다 일찍 고령화 사회를 겪은 일본도 1.33명이고, 우리 다음으로 두 번째 꼴찌인 이탈리아의 합계출산율도 1명이 넘는 1.24명이다. 우리 사회의 인구절벽지수가 얼마나 우려할 수준인지를 보여주는 지표다.

인구 구조 변화에 따른 노동시장의 변화에 대응하기 위해서는 적극적인 정책적 대응이 필요하다. 사회 변화로 재편되는 노동시장을 안정시키기 위해 정부와 기업은 노동시장의 구조와 인력 수요를 분석하고, 새로운 산업 분야와 인력 수요가 증가하는 분야를 선정할 필요가 있다. 그런 기초 작업을 토대로 다양한 루트를 통해 인력을 유치하고 인재 양성에 투자하여 우리 사회에 필요한 노동력을 안정적으로 확보할 필요가 있다.

노동시장의 변화와 미래의 직업

거듭 언급했다시피 노동시장을 변화시키는 가장 큰 요인은 기술의 발전이다. 특히 미래에는 인공지능으로 표상되는 지능정보기술이 노동시장에 지각변동을 일으킬 것이다. 지능정보기술은 세계 노동시장의 변화에 보편적으로 영향을 미치겠지만, 한국 노동시장에 미치는 몇 가지 특수한 영향이 있다.

첫째는 지능정보기술의 발전과 동시에 진행되는 산업 구조의 변화 역시 노동시장에 커다란 영향을 미친다는 점이다. 그동안 노동시장에서 고용의 중심축을 담당해온 제조업이 날로 축소되는 산업 구조의 변화는 선진국이라면 피할 수 없는 추세다.

제조업은 경제 발전 단계에서 하방하는 추세를 보인다. 선진국에서 개발도상국으로 그 중심축이 하향하여 옮겨간다는 의미다. 19세기에는 광대한 식민지를 거느린 영국이 제조업의 세계 챔피언이었다. 그러나 20세기 들어 식민지를 잃은 영국의 제조업이 쇠퇴하고 미국이 제조업으로 강성했다. 20세기 후반, 전후에는 독일과 일본이 제조업으로 부흥하며 미국에 능가하는 제조업 강자로 성장했다.

1970년대부터 본격적으로 제조업에 명함을 내민 한국은 불과 30년 만인 20세기 말쯤에 제조업의 강자로 부상했다. 주요 선진국들과 거의 어깨를 나란히 하기에 이른 것이다. 그 무렵부터 중국이 무섭게 추격하기 시작하여 지금은 세계 최대의 제조업 강국이 되었다.

노동력을 상대적으로 많이 필요로 하는 노동집약 산업인 제조업은 산업 구조가 고도화된 나라일수록 채산성이 떨어져 아직 산업 구조가 고도화되지 않은 국가로 이동하는 것이 자연스러운 현상이었다. 이른바 오프 쇼어링(off-shoring) 현상이다. 선진국들이 생산시설을 노동임금이 저렴한 개발도상국으로 앞다퉈 옮긴 것도 채산성 때문이다.

그러나 계속된 기술 발전으로 자동화를 통한 '스마트' 한 세상이 열리면서 사정이 크게 달라졌다. 스마트 공장이 등장하면서 제조업이 더 이상 노동집약 산업이 아닌 최첨단산업이 된 것이다. 거기에 경제안보 문제까지 추가되었다. 이런 상황을 배경으로, 선진국들이 개발도상국으로 내보낸 생산시설을 다시 자국으로 되가져오는 리쇼어링(reshoring) 정책을 적극적으로 추진하면서 유럽연합과 미국, 일본 등을 중심으로 제조업 부흥 바람이 불고 있다. 제조업의 유턴 현상이 갈수록 확대되는 것이다.

미국은 인플레이션 감축법(IRA) 같은 제조업 유인책을 만들어 자국 기업의 유턴은 물론이고 해외 기업의 현지화까지 추진하고 있으며, 유럽연합은 유럽판 IRA로 불리는 핵심원자재법(CRMA)을 내놓고 제조업 부흥을 꾀하고 있다.

일본은 세제 혜택을 통해 반도체·이차전지 같은 첨단제조업 기반을 유치하는 데 공을 들이고 있다.

미국은 2010년대에 300~500개이던 유턴 기업이 2020년 이후 2,000개에 가깝도록 꾸준히 늘었다. 일본도 2010년대 중반 이후 500개 이상의 이상이 기업이 돌아와 지금은 한 해에 1,000개를 바라본다. 우리보다 경제 규모가 작은 대만도 해도 해마다 100개 가까운 기업이 돌아온다.

리쇼어링에 과감한 지원을 아끼지 않은 이들 나라가 거둔 성과는 기업의 숫자에만 그치지 않는다. 유턴하는 기업의 규모와 산업의 질에서도 제조업의 부흥이라는 명분을 충족한다.

미국에서는 애플, 보잉, GE 같은 글로벌 기업들이 주력 생산 시설을 국내로 옮겼거나 옮길 준비를 하고 있다. 포드는 해외 공장 건설 계획을 철회하고 미시간에 스마트 공장 건설을 추진하고 있고, 인텔은 오하이오에 반도체 공장을 새로 착공했다. 일본에서는 파나소닉이 중국으로 내보낸 가전 공장을 국내로 옮겼고, 혼다는 소형 오토바이 생산 공장을 국내로 이전했다. 로봇 시장을 주도해온 세이코엡손은 1대 4인 일본과 중국 생산 비율을 수년 내로 2대 3까지 개선하기로 했다.

그러나 우리나라는 리쇼어링 정책의 실질적인 효과를 보지 못하고 있다. 2008년 금융 위기 이후 각국이 제조산업 기반 확대를 위해 리쇼어링에 나서자 우리도 관련 지원법까지 만들어 유턴 기업 유치에 나섰다. 그로부터 10년이 지난 지금 돌아보면 그동안 들인 공력에 비해 결과는 실적이랄 것도 없을 만큼 초라하다. 최근 10년 동안 유턴하여 지금껏 공장을 가동하는 기업은 모두 60개도 안 된다. 야심차게 추진한 정책이 방향을 잘못 잡았거나 내용이 부실하여 헛도는 것이다.

그런 가운데 전자산업을 제외한 제조업 부문에서 수출이 정체되고 매출 증가율도 떨어졌다. OECD 국가 중 최고 수준을 자랑하던 제조업 비율이 감소하기 시작하면서 지능정보기술의 확대와는 별개로 그동안 제조업이 뒷받침해온 고용의 규모와 안정성이 크게 흔들리고 있다. 물론 미래에는 지능정보기술이 노동시장에 가장 큰 영향을 미칠 것이다.

"노동시장의 변화에 따라 미래의 직업은 현재와는 사뭇 다른 양상을 보일 것이다. 현재의 많은 직업이 사라지겠지만, 상당수의 직업은 차원을 달리하여 살아남을 것이고, 어떤 직업은 더욱 잘 나가게 될 것이다. 그러나 대체적으로는 많은 새로운 직업이 생겨날 것이다."

지능정보기술의 영향은 이미 산업생산 과정의 변화에서 나타나고 있으며, 각종 키오스크(은행이나 관공서 또는 정류장과 같은 공공장소에 설치된 무인 정보 단말기)나 앱을 통해 서비스 부문의 자동화를 체감하고 있다. 지능정보기술의 영향은 미래 직업의 변화에 점차 더욱 확대되겠지만 노동시장과 고용에 미치는 영향은 이미 진행되고 있는 현실이다.

지능정보기술의 고도화에 따른 자동화의 영향은 단순한 일자리를 넘어 전문화된 일자리로 확대될 것이다. 이미 많은 일자리를 기계로 대체해온 기술의 발전은 곧 전문화된 일자리도 대부분 기계로 대체할 것이다. 기존의 단순 작업을 대체하던 기술에 비할 수 없을 정도로 획기적으로 거듭하는 지능정보기술은 인간의 인지능력이나 판단능력까지 복제하여 기계에 구현할 정도로 발전했다.

노동시장의 이런 변화에 따라 미래의 직업은 현재와는 사뭇 다른 양상을 보일 것이다. 현재의 많은 직업이 사라지겠지만, 상당수의 직업은 차원을 달리하여 살아남을 것이고, 어떤 직업은 더욱 잘나가게 될 것이다. 그러나 대체적으로는 많은 새로운 직업이 생겨날 것이다.

새로 생길 것이 예상되는 미래의 직업 가운데는 미처 생각지도 못한 기발한 직업도 꽤 있다. 그러나 미래사회의 변화를 고려한다면 당연히 생길 것으로 여겨지는 직업들이고, 그중 일부 직업은 이미 생기기 시작했다. 먼저 '데이터소거원'이 꼽힌다. 개개인의 평판이 입소문이 아니라 온라인에서 공유되는 현실에서 자기한테 나쁜 데이터를 소거해 주는 전문가가 필요할 법도 하다. 그 밖에도 **날씨조절관리사, 기억대리인, 아바타개발자, 사물데이터인증원, 문화갈등해결사, 국제인재채용대리인, 인공장기조직개발자, 오감인식개발자, 우주관리인 등이 미래직업으로 꼽힌다.**

이 가운데 '우주관리인'이 눈에 띈다. 오늘날 지구 밖의 우주에는 인간이 버린 우주 쓰레기가 1만여 개를 헤아린다. 우주 충돌사고가 뉴스를 장식할 날도 머잖은 것 같다. 우주를 청소하고 질서를 바로잡는 관리인이 필요하게 될 것이다.

인류의 미래, 우주 탐사, 기후 변화 등에 관한 논쟁을 촉발한 영화 〈인터스텔라〉(크리스토퍼 놀란, 2014)를 보고 나면 우주관리인이라는 직업이 더 실감날 수도 있겠다.

기술의 발전과 노동시장

오늘날 기술의 발전은 인공지능의 진화로 표상된다. 바야흐로 인공지능 전성시대다. 산업 현장은 물론이고 가정까지 우리 사회 곳곳에 인공지능이 베푸는 세례가 장차 빈틈없이 퍼져 우리는 인공지능을 토대로 삼은 일상을 영위하게 될 것이다.

1956년, 미국의 인지심리학자이자 컴퓨터과학자 존 매카시 박사가 다트머스 학회에서 처음으로 인공지능(Artificial Intelligence)이라는 용어를 제시했다. 그는 기계가 생각을 하고 인간과 소통할 수 있는지에 초점을 두고 연구가 진행했다. 그는 이 인공지능 연구로 1971년에 컴퓨터과학계의 노벨상으로 불리는 튜링상을 수상한 인공지능의 아버지다.

이제 인공지능은 제4차 산업 혁명의 도래와 함께 이론적 담론을 넘어 기술 혁신을 통해 산업 구조와 사회의 변화를 선도한다. 인공지능에 기반을 둔 다양한 지능형 정보 시스템이 사회를 작동시키는 지능정보사회로 들어섰다. 지능정보사회에서는 인공지능을 장착한 지능형 시스템이 단순 업무뿐 아니라 고차원적인 정신 노동의 영역까지 확대되면서 노동시장에 변화의 회오리바람이 불 것으로 보인다.

인공지능을 비롯하여 사물인터넷(IoT), 3D프린팅, 로봇, 빅데이터, 블록체인, 나노 기술, 바이오 기술 등 지능정보기술의 발달은 우리 인간의 생활양식과 가치관에 커다란 영향을 미쳐 우리 사회의 패러다임을 바꾸는 대변혁을 촉발하고 있다.

기술 발전에 따른 노동시장의 전망은 긍정론과 부정론이 첨예하게 엇갈린다. 기술 발전이 노동생산성을 향상하고 산업 효율성을 증대시켜 노동시장의 질을 높여줄 것이라는 견해가 긍정론의 주류를 이룬다. 그와는 반대로, 기술의 급속한 발전이 갑작스러운 직무변화 대응에 실패한 많은 노동자를 실직시킬 것이고, 제반 사무와 생산수단의 자동화에 따라 일자리가 크게 줄어들 것이라는 우려가 부정론의 주류를 이룬다.

"인공지능은 제4차 산업혁명의 도래와 함께 이론적 담론을 넘어 기술 혁신을 통해 산업 구조와 사회의 변화를 선도한다. 인공지능에 기반을 둔 다양한 지능형 정보 시스템이 사회를 작동시키는 지능정보사회로 들어섰다. 지능정보사회에서는 인공지능을 장착한 지능형 시스템이 단순 업무뿐 아니라 고차원적인 정신 노동의 영역까지 확대되면서 노동시장에 변화의 회오리바람이 불 것으로 보인다."

자동화에 따른 21세기 노동시장의 충격은 산업혁명에 따른 19세기 영국의 노동시장 충격에 비견될 수도 있다. 사회의 대처와 융화 여부에 따라 그 충격은 미풍으로 끝날 수도 있고, 19세기의 충격을 능가하는 태풍으로 휘몰아칠 수도 있다. 한 가지 다행인 것은 19세기에 비하면 노동자의 권리가 헌법에 보장될 정도로 크게 향상되었다는 것이다.

　산업혁명의 물결에 휩쓸린 19세기 영국에서는 최대 산업인 방적산업의 생산시설이 기계화되어 대량생산이 가능해지면서 많은 숙련공이 일자리를 잃었다. 공장에서는 비교적 임금이 비싼 숙련공 대신 저임금으로 부릴 수 있는 비숙련공을 고용함으로써 방적공장 노동자의 임금을 계속 하락시켰다. 그런 가운데 식료품을 비롯한 생필품의 물가가 가파르게 오르면서 많은 노동자가 빈곤과 굶주림에 시달려야 했다.

　당시 영국에는 노동자를 보호할 제도적 장치가 전혀 없을뿐더러 오히려 노동자의 권리를 억압하는 단결금지법을 제정하여 사용자의 편익만 앞세웠다. 노동자는 단체교섭도 파업도 할 수 없었다. 짓밟힌 권리 회복을 위해 아무것도 할 수 없던 노동자들에게 선택의 여지는 없었다.

　결국, 기계화로 일자리를 잃거나 터무니없는 저임금으로 생존의 벼랑에 내몰린 노동자들이 공장의 기계를 파괴하기 시작하면서 '러다이트 운동'이 시작되었다. '러다이트'는 운동을 선도한 인물의 이름에서 따온 것이다. 1811년 말에 노팅엄 부근에서 시작된 기계파괴운동은 이듬해에 영국 전역으로 번졌다.

기술 발전에 따른 사회 변화에 대해 노동시장이 균형을 잃고 적절하게 대응하지 못하면 이런 일이 벌어지는 것이다.

생산 방식의 자동화에 따른 노동력 대체현상은 상당한 사회경제적 파장과 변화를 몰고 올 것으로 보인다.

지능정보사회에서는 기존의 노동시장에서 대부분의 고용을 책임지면서 경제성장의 중추 역할을 해온 제조업이 현저히 축소되고 있다. 그런 가운데 열린 커뮤니티 플랫폼을 통해 개방적 혁신을 지향하는 공유경제가 확대되고 있다. 그에 따라 노동시장도 기계가 인간을 대체하는 변화의 물결을 맞아 많은 일자리가 사라지고 또 새로운 일자리가 생길 것이다.

세상에 아무리 좋은 것도 긍정적인 작용이 있으면 부정적인 작용이 따르게 마련이다. 그 부작용을 최소화하는 것이 문제를 예방하고 해결하는 길이다. 기술 발전이 노동시장에 미치는 영향 역시 마찬가지다. 기술 혁신에 따른 사회 전반의 효율성과 생산성 향상이 향후 노동시장에서의 일자리 감소 및 실업률 상승과 같은 사회 문제로 이어지지 않도록 충분한 사회적 논의를 통한 협력 체계를 수립할 필요가 있다.

산업화 사대에 형성된 기존의 노동관을 성찰하고 새로운 시대정신과 사회 환경에 적합하도록 재해석해야 할 것이다. 더불어 문화와 여가에 대한 인식의 전환도 필요하다.

04

환경 문제와 지속 가능한 발전

환경 문제는 미래사회의 가장 큰 도전 중 하나로, 대응 여하에 따라 지구와 함께 인류의 운명이 결정될 것이다. 기후 변화의 영향을 받는 다양한 분야에서 지속 가능한 대응 전략이 필요하다. 미래의 에너지 솔루션은 환경 문제를 해결하는 핵심 요소가 될 것이다.

기후 변화와 그 영향

세계 곳곳에서 일어나는 기상 이변에 따른 자연재해는 갈수록 잦아지고 돌발적인 데다가 일정한 패턴 없이 그때그때 다른 양상으로 나타나기 때문에 예측하기도 어렵고 대응하기도 어렵다. 코로나 사태에서 경험했듯이 전에 없던 변종 바이러스가 낌새를 차리기도 전에 출몰하여 인간 사회를 덮친다.

이런 현상은 기후 변화와 어떤 상관관계가 있을까?

기후 변화로 인한 해수면 상승과 기상 이변이 생태계를 교란하게 되면 야생동물에 기생하는 바이러스에 노출될 수밖에 없다. 그렇게 인간 사회에 예방 백신도 없는 신종 전염병이 만연하는 사태는 앞으로도 계속될 가능성이 크다. 코로나로 끝이 아니라는 것이다.

코로나 사태로 혹독한 시련을 겪으면서 새삼스러운 교훈을 얻은 세계는 기후 변화에 더욱 적극적으로 대응하고자 재생에너지산업 육성, 녹색 일자리 창출을 동시에 이룰 그린뉴딜 추진에 나섰다.

유럽연합은 2050년 탄소 중립 달성을 목표로 내건 그린딜을 제시하고, 미국은 탄소 배출제로 달성과 소외계층 보호를 위한 일자리 창출 계획을 발표했다.

우리나라는 한국판 뉴딜 종합계획을 통해 2025년까지 160조 원을 투자하여 190만 개의 녹색 일자리를 창출하겠다는 목표를 제시했다. 또 태양광, 풍력, 수소 등 신재생에너지 보급에 더해 노후 건축물 23만 호를 제로화함으로써 도시, 공간, 생활 인프라의 녹색전환에 나설 것을 천명했다.

기후 변화 대응과 재생에너지 확대를 위해 글로벌 기업들은 그저 마케팅 차원이 아니라 기업의 지속 가능한 생존과 발전을 위해 RE100의 실현을 천명하고 나섰다. 2014년 뉴욕기후 주간에 발족한 RE100은 2050년까지 소요 전력량의 100%를 재생가능에너지(Renewable Energy)로 충당하겠다는 기업들의 자발적 캠페인이다. 여기에는 애플, 구글, 마이크로소프트, BMW, 이베이, 스타벅스, 코카콜라를 비롯한 250여 개의 글로벌 기업들이 참여하고 있어, 그 영향력이 막강하다.

　애플의 모든 매장과 법인 사무실은 이미 2018년부터 재생에너지 사용 100%를 달성한 가운데 GM과 더불어 자사는 물론 협력업체까지도 RE100의 의무를 요구하고 있다. 마이크로소프트, 구글, 페이스북 등도 데이터센터와 사무실 등 자사 시설물에 사용되는 모든 전력을 이미 재생에너지로 100% 충당하고 있어서 우리 기업에 가해지는 압박도 점점 더 강력해질 것으로 보인다.

　RE100은 이미 국제 무역장벽으로 작용하고 있다. 그래서 우리 정부도 일찍이 RE100 시행을 위한 제도적 기반 마련에 나섰다. 녹색요금제, 제3자 전력구매계약(PPA), 신재생에너지 공급인증서 구매, 지분 투자, 자가발전 등의 이행 수단을 제도화했거나 제도 도입을 예고하고 있다. 지난해에 RE100에 가입한 삼성전자를 비롯한 국내 주요 기업들도 세계 시장에서 도태되지 않기 위해 녹색요금제와 전력구매계약(PPA) 같은 에너지 전환 방안 실행에 나섰다.

녹색요금제는 소비자(기업)가 납부해야 할 전기요금에 재생에너지 전력구매 프리미엄을 추가로 지급하는 제도이고, PPA는 재생에너지 생산자(재생에너지 발전기업)와 수요자가 직접거래하는 방식이다.

"기후 변화로 인한 해수면 상승과 기상 이변이 생태계를 교란하게 되면 야생동물에 기생하는 바이러스에 노출될 수밖에 없다. 그렇게 인간 사회에 예방 백신도 없는 신종 전염병이 만연하는 사태는 앞으로도 계속될 가능성이 크다. 코로나로 끝이 아니라는 것이다."

기후 변화 대응에 글로벌 관심이 어느 때보다 높은 오늘날, 에너지 분야는 엄청난 기회가 되고 있다. 지구 온난화를 막고 경기를 살리는 에너지 전환이 새로운 일자리를 만드는 데 크게 이바지할 수 있기 때문이다. 2050년까지 재생에너지 발전 비중을 60% 이상으로 확대하면 50만여 개의 새로운 일자리가 생길 것으로 예측된다.

온실가스 감축 의무 이행과 에너지 전환 정책에서 핵심이 되는 재생에너지 발전을 확대하는 것은 세계적 추세와도 부합한다. 더구나 반도체, IT, 자동차, 화학, 조선, 기계, 철강 등 에너지 집약 산업 비중이 높은 우리로서는 더욱 절실한 과제다.

파리기후 변화협정, 유럽의 탄소국경세 도입 등 무역의 환경 장벽이 강화되는 가운데 RE100을 천명한 글로벌 기업들과의 무역거래에 대응력을 갖추려면 재생에너지 확대 정책에 주도적으로 참여해야 한다. 그리고 정부는 모든 수단을 마련하여 이를 적극적으로 뒷받침해야 할 것이며, **정부 자체도 재생에너지 확대를 국정의 핵심 과제로 삼아 미래 100년을 준비해야 할 것이다.**

2019년 9월 2일, 호주 남동부에서 발생한 산불로 호주 전체 숲의 14%(18만여 km2)가 사라지고 수십 명의 인명 피해가 났으며 함께 5억 마리의 야생동물이 불에 타 죽었다. 불똥이 바다 건너까지 날아가 호주 남부의 캥거루섬(제주도의 2.4배) 절반을 태워 버렸다. 연기는 호주를 넘어 남아메리카 대륙 태평양 연안과 멀리 도쿄만까지 퍼졌고, 한국의 겨울은 이례적으로 뜨거웠다. 한 지역에서 발생한 재난의 여파가 지구의 절반에 미친 것이다. 바람을 타고 더욱 거세져 해를 넘긴 불길은 새해 중순부터 비가 내리고서야 꺼졌다. 인간의 힘으로는 잡을 수 없는 불길이었다. 잿더미 위로 이내 폭우가 쏟아져 이번에는 물난리가 났다. 지구에 닥친 재난은 갈수록 종잡을 수 없게 되었다.

2022년 늦여름, 파키스탄에는 유례없는 폭우가 쏟아져 국토의 3분의 1이 물에 잠겼다. 이 역시 호주의 산불과 마찬가지로 지구 온난화가 초래한 재앙이다.

공업화 이후 지구의 평균 기온이 높아지면서 기후 변화로 인한 재난이 지구 곳곳에서 끊이지 않는다. 공업화와 도시화에 따라 인간의 삶은 더욱 편리해졌지만, 지구 환경은 갈수록 나빠져 일부 지역에서는 인간의 생존이 위협받기에 이르렀다.

그렇다고 사회 발전과 경제 성장을 포기할 수도 없고, 덮어놓고 발전하고 성장하자니 지구 환경이 파괴되어 인간이 살 수 없게 생겼다. 딜레마에 빠진 것이다. 그래서 고심 끝에 생각해낸 해결 방안이 '지속 가능한 발전' 이다.

지속 가능한 발전

    지속 가능한 발전을 이루려면, 먼저 '지속 가능한 상태'를 유지해야 한다. 지속 가능한 상태가 어떤 개념인지는 '지속 불가능한 상태'를 알면 저절로 풀린다. 자연 사원의 총량(자연 자본)이 보충되는 속도보다 빠르게 소모되면 지속 불가능한 상태가 된다. 그러므로 지속 가능한 상태를 유지하려면 우리는 그 활동에서 자연적으로 보충되는 속도와 비율 내에서 자연 자원을 사용해야 한다.

    '지속 가능한 발전'은 애초에 '환경 수용 능력'에 연계된 개념이다. 자연환경 보전 노력의 퇴보가 장기적으로 지속하면 인류는 삶을 지탱할 수 없게 된다. 전 지구적인 규모의 퇴보가 이어지면 인류의 멸종은 경고에만 그치지 않고 현실이 되고 말 것이다.

    미국의 생물학자 개릿 하딘 박사는 일찍이 지속가능성의 문제를 인구와 연관 지어 설명했다. 인구가 급증하면 재생 가능 자원이 고갈되는 '공유지의 비극'(The Tragedy of the Commons)이 일어날 수 있다는 것이다.

하딘 박사는 소를 키우는 마을의 공유 목초지 사례를 들어 공유지의 비극을 설명한다. 사용에 제한이 없는 공유 목초지를 마을 주민들이 너도나도 마구 사용한 나머지 그 공유지는 풀 한 포기 없는 황무지가 되어 버리고, 주민들은 생계 수단을 잃어 마을 전체가 비극을 맞고 만다는 것이다.

인류의 미래를 위해 자연 자원을 지속 가능한 상태로 관리하는 일이 얼마나 중요한지를 보여주는 사례다. 합리성에 기반을 둔 개인의 이기적 행동이 지구 환경을 해칠 수 있다는 하딘 박사는 공유지의 비극을 막으려면 인간의 도덕성이 근본적으로 확장되어야 한다고 주장한다.

"인구 문제를 해결할 수 있는 기술적 방법은 없다. 인구 문제를 해결하기 위해서는 도덕성이 근본적으로 확장되어야 한다."

미래의 에너지 솔루션

미래를 예측하는 것은 비용도 들고 어려운 일이지만, 우리는 실패를 예방하고 새로운 기회를 얻기 위해 미래를 예측해야 한다. 예측이 빗나갈 수도 있지만, 우리는 그 과정에서 미래에 대비하여 많은 과제를 수행함으로써 위험을 최소화한다.

특히 에너지 문제는 미래를 예측하여 대비하지 않으면 인류가 감당힐 수 없는 새상에 직년할 위험이 크다. 〈유엔 미래보고서 2040〉은 2030년이면 화석연료 수요가 정점을 찍고 내리막길로 들어설 것으로 내다봤다. 이는 화석연료 채굴 비용이 갈수록 높아시기 때문이기도 하지만, 기후 변화에 대비하여 탄소 배출을 감축하려는 국제 사회의 협정과 노력 때문이다.

이에 따라 세계 각국 정부와 기업들은 신재생에너지 개발에 사활을 걸고 나섰다. 세계적 대기업들이 에너지 전환에 앞장서서 RE100을 결성하고 실행에 들어갔다.

스탠퍼드대학교 신재생에너지 연구팀은 스티커 형태의 태양광 에너지 집적장치를 만들어 건물 유리창이나 벽 또는 나무, 바위 등 다양한 곳에 붙일 수 있도록 했다.

그런가 하면 지구 궤도에 태양광 발전 위성을 쏘아 올려 태양 에너지를 지구로 가져오는 방안도 개발에 들어갔다.

태양광 외에도 늪지대의 미생물에서 에너지를 얻는 생체연료전지가 개발에 들어갔다. 풍부한 바람을 이용하는 풍력 터빈, 조류와 파도의 힘을 이용하는 조력 발전과 같은 대체에너지 개발과 이용이 전 세계적으로 상당한 진척을 이루고 있다.

화석연료 기업들은 강력한 로비를 통해 신재생에너지 확산을 방해해왔지만, 대세를 거스를 수는 없다. 기후 변화 시계가 촉박해지면서 신재생에너지 개발이 더욱 속도를 내고 있다. 이런 노력 덕분에 가까운 미래에는 신재생에너지가 생산비용에서도 가장 큰 경쟁력을 갖게 될 것으로 예측된다.

게다가 이 무렵에는 에너지 저장기술이 획기적으로 발전할 것이며, 에너지 효율을 최적화하는 지능형 전력망 스마트그리드를 거미줄처럼 연결하여 280억 개에 이르는 다양한 신재생에너지 소스와 저장장치를 네트워크로 구성하게 될 것이다. 이런 구조가 완성되면 화석연료는 신재생에너지의 일시적으로 수요를 감당할 수 없게 될 때 종종 임시방편으로 사용되는 보조수단이 될 것이다.

신재생에너지는 기후 변화에 대응한 산물이므로 기후에너지로 불린다. 신재생에너지를 비롯한 기후에너지 산업은 엄청난 잠재력을 가진다. 10년 후에는 세계 인구의 절반이 기후에너지 산업에서 일자리를 얻을 것이라는 전망도 있다. 좀 과장된 면도 있지만, 방향은 분명히 그쪽으로 흐르고 있다. 독일을 비롯한 유럽에서는 이미 신재생에너지를 싸게 판매하고 있다.

"신재생에너지는 기후 변화에 대응한 산물이므로 기후에너지로 불린다. 신재생에너지를 비롯한 기후에너지 산업은 엄청난 잠재력을 가진다. 10년 후에는 세계 인구의 절반이 기후에너지 산업에서 일자리를 얻을 것이라는 전망도 있다."

　최근 우리나라 기업들도 당장 발등에 떨어진 불인 RE100의 이행을 위해서이기도 하지만, 궁극적으로는 지속 가능한 발전을 위해 미래의 에너지 솔루션을 마련하는 데 사활을 걸고 있다. 해외의 경쟁 기업들은 이미 저 멀리 앞서나가고 있기 때문이다. 정부가 뒷짐 지고 있는 사이에 생존의 위협에 내몰린 기업들만 분투하고 있다.

　지난 2021년, 모델로 삼을 만한 미래의 에너지 솔루션을 우리 기업이 제시한 바 있다. SK에코플랜트가 경남 창원에 조성하여 서비스에 들어간 그린에너지센터로, 국내 최초로 에너지 자급자족 인프라 구축사업을 추진한다.

　창원그린에너지센터는 태양광과 연료 전지, 수소 생산, ESS(에너지저장시스템)까지 이종 에너지 저장과 생산시스템을 모두 결합한 일괄 센터다. 현재 이곳에서는 태양광 발전을 통해서만 연간 2,620MW/h 가량의 재생에너지를 생산한다. 이 재생에너지는 RE100을 달성해야 하는 창원 국가산단 내 수출 기업들에 PPA(직접 전력거래 계약) 방식으로 우선 공급한다.

우리 정부가 바로 이런 일을 지원하고 추진하는 데 역량을 쏟아야 할 시점이다.

제2장

미래사회 핵심 이슈

세계화의 폐해와 부작용을 탈세계화로 덮으려는 시도는 잘못된 처방이라는 인식에서 나온 개념이 '재세계화'(re-globalization)다. 새로운 비즈니스 기회를 창출함으로써 세계 경제가 활력을 얻기 위해서는 세계화의 개념을 넘어 선택적이고 전략적인 접근, 즉 재세계화가 필요한 시점이다. 지정학적 갈등이나 기후 변화와 같은 글로벌 위기 극복과 경기 회복을 위해 국제 사회의 상호연결성이 긴요해진 지금이야말로 탈세계화 대신 더욱 긴밀한 교류와 연결이 필요하다.

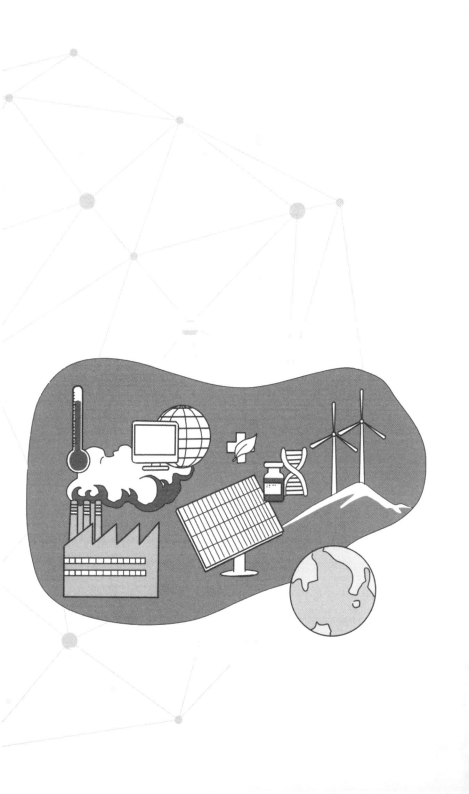

01

기후 변화와 에너지 문제

기후 변화는 인류에게 가장 큰 도전이다. 그 원인을 파악하고 현재 상황을 진단하여 미래에 대비하는 것이 중요하다. 기후 변화로 인한 사회·경제적 영향은 가늠하기 어려울 만큼 클 것이다. 신재생에너지로 표상되는 지속 가능한 에너지 자원의 개발과 에너지 효율성 제고는 기후 변화에 대응하는 핵심 방안이 될 것이다.

기후 변화의 원인과 현황

기후 변화의 원인을 알려면 먼저 기후 변화의 개념부터 정확하게 짚고 넘어갈 필요가 있다. 기후 변화는 '지구상의 평균 기상 패턴이 장기적으로 변화하는 것'을 뜻한다. 그 변화는 온도, 강수량, 바람을 비롯하여 다양한 기후 요소로 인해 일어난다.

그렇다면 기후 변화로 인한 지구 온난화는 어떤 원리로 일어나는 걸까? 이 원리를 알면 기후 변화의 원인이 명확해지고, 대처 방안도 그 답이 나온다. **문제는 실천이다. 몰라서 문제가 되는 것이 아니라 아는 만큼 실천이 따르지 않아서 늘 문제가 된다.**

자연직으로 형성된 대기 중의 온실가스는 태양열을 가두어 우주로 빠져나가는 것을 막아준다. 이런 자연 온실 효과는 지구의 온도를 생명체가 사는 데 적합한 수준으로 유지해준다.

그런데 산업혁명이 시작된 이후 화석연료 연소, 산림 벌채, 공장시설의 증가 등으로 인해 대기 중의 온실가스(이산화탄소, 메탄, 아산화질소 등) 농도가 꾸준히 증가해왔다. 이처럼 인간 활동으로 인해 과도하게 배출되는 온실가스가 대기 중에 쌓인다. 그러면 온실가스의 영향력이 지나치게 커져서 지구 온도의 상승으로 이어지는데, 이를 '지구 온난화'라고 한다.

이렇게 기후 변화의 원인이 명확해졌다. 화산 폭발이나 태양 복사 변화 같은 자연 요인이 기후 변화에 영향을 미치기도 하지만, 인간의 활동이 기후를 문제가 되는 수준으로 변화시킨다는 사실은 누구도 부인하지 못한다.

에너지를 생산하고 운송하느라 석탄, 석유, 천연가스와 같은 화석연료를 연소하면 온실가스가 배출된다. 이 과정에서 이산화탄소와 다른 오염물질이 대기 중으로 방출되어 지구 온난화를 일으킨다.

농지 개간과 도시 개발을 목적으로 벌어지는 산림 벌채는 자연의 이산화탄소 흡수와 저장 능력을 감소시킨다. 나무가 베어지면 나무 안에 저장된 탄소가 대기로 방출되어 대기 중의 이산화탄소 농도를 증가시킨다. 지구는 자연을 통해 적정량의 탄소만 배출하여 사용하고 나머지는 그 자연 안에 흡수하여 저장해둠으로써 자신을 보호해온 것인데, 인간이 지구의 자연조절 체계를 파괴하여 기후 변화라는 문제를 일으킨 것이다.

인간은 다양한 활동 과정에서 온실가스만 배출하는 게 아니라 엄청난 쓰레기와 폐기물도 배출한다. 쓰레기 매립지와 폐기물 처리장에서는 메탄이 배출되어 대기 중에 쌓인다.

2016년 다보스 포럼은 인류의 최대 위험요소로 5가지를 꼽았다. 그중 3가지가 지구 환경에 관한 것으로 기상 이변, 기후변화 적응 실패, 자연재해다. 나머지 2가지는 비자발적 이주, 지역 분쟁인데 이것들 역시 포괄적으로 보면 지구 환경과 무관하지 않다.

기후 변화 관련된 과학자 모임 IPCC(기후 변화에 관한 정부 간 패널)는 **2014년 종합평가보고서를 통해 지난 133년간 지구의 평균 기온이 0.85˚C 상승하고, 112년간 해수면 높이는 평균 19cm 상승한 것으로 발표했다.** 대륙의 만년설과 해양의 빙산이 녹아내리고 해양 온도의 상승으로 바닷물의 부피가 증가하여 해수면이 상승하는 것이다. 극 지역으로 갈수록 온도 상승 현상은 심각하다. 빙하가 녹아 북극곰과 펭귄의 서식지가 사라질 위기에 처해 있다.

우리나라 상황을 보면 기후 변화로 지난 100년간 6대 도시의 평균 기온이 1.7˚C나 상승하여 지구 평균(0.74˚C)보다 2배 이상이나 더 높았다. 지난 40년간 제주도의 해수면이 22cm나 상승하여 지구 평균의 3배에 달했다.

지난 100년간 1.1~1.6˚C나 상승한 동해안의 수온 상승 역시 지구 평균보다 3배 이상이나 더 높았다. 한반도의 아열대화로 인해 사과 주산지가 대구에서 영월·양구까지 북상하고, 동해안의 수온 상승으로 명태가 사라졌다.

"인류가 현재와 같은 삶의 방식을 유지한다면 2100년이

되기 전에 지구의 온도가 3.7°C까지 상승할 것으로 예측된다. 과학자들은 지구의 온도가 2°C 이상 상승하면 돌이킬 수 없는 재앙을 맞을 것이라고 경고한다. 그 경고가 사실이라면 인류는 삶의 방식을 획기적으로 바꾸지 않는 한 2100년이 되기도 전에 멸망하고 말 것이다."

사실 지구 온난화라는 표현은 너무 온화하다. IPCC의 종합평가보고서가 나온 지 10년이 지난 오늘날 지구의 온도는 얼마나 더 올랐을까? 돌이킬 수 없는 재앙을 방지하기 위해 1.5°C 이내로 상승을 억제하는 것을 목표로 삼아 세계는 분투하고 있지만, 기후 시계는 아직 멈추지 않고 있다. 현재 상황을 고려하면 지구 온난화보다는 '기후 교란', '기후 붕괴'라는 표현이 더 적절해 보인다.

그렇다면 앞으로는 어떻게 될 것인가?

인류가 현재와 같은 삶의 방식을 유지한다면 2100년이 되기 전에 지구의 온도가 3.7°C까지 상승할 것으로 예측된다. 과학자들은 지구의 온도가 2°C 이상 상승하면 돌이킬 수 없는 재앙을 맞을 것이라고 경고한다. 그 경고가 사실이라면 인류는 삶의 방식을 획기적으로 바꾸지 않는 한 2100년이 되기도 전에 멸망하고 말 것이다.

2016년 4월 21일 지구의 날, 유엔기후 변화협약 당사국총회 (COP21) 본회의에서 195개 당사국이 파리기후 변화협정에 서명했다. 발효 조건은 55개국 이상이 비준하고 비준 국가의 배출량 합이 지구 전체 온실기체 배출량의 55%를 넘어야 한다는 것이었다. 이듬해 133개국이 비준하고 비준국 배출량의 합이 전체 배출량의 80%를 넘김으로써 협정이 발효되었다. 이로써 교토 의정서(1997년) 이후 20년 만에 신기후체제가 출범했다.

그런데 문제는 파리기후 변화협정에 따른 목표 감축량을 100% 달성하더라도 지구 온도 상승 억제선을 목표로 삼은 1.5°C는커녕 한계선인 2.0°C 사수도 어렵다는 것이다. 어떤 전망치는 2.7°C까지 상승할 것으로 예측한다.

파리기후 변화협정이 발효되자 세계 언론들은 "화석연료 시대의 종언"(the end of the fossil fuel era)이라며 기후 변화 문제를 낙관했지만, 그로부터 10년이 지난 현재도 **전 세계 화석연료 비중이 전체 에너지 사용량의 80%에 이른다. 미국을 비롯한 기후 변화 대응 주요 선도국들마저 화석연료 회귀 조짐을 보여 우려**

를 사고 있다.

그런 가운데서도 화석연료 사용을 꾸준히 감축해온 유럽연합은 2023년 상반기에는 지난해보다 5%를 더 낮춰 그 비중을 33%까지 낮췄다.

그렇다면 우리나라의 사정은 어떨까?

한국의 화석연료 사용 비중은 2022년 현 정부 출범 당시 약 60%였다. 정부는 2027년까지 그 비중을 40%대로 낮추겠다는 국정과제를 설정하고 이행계획을 발표했다. 유럽연합을 비롯한 다른 선진국들에 비하면 좀 아쉬운 목표다.

그런데 그마저도 지키기 어렵게 되었다. 환경부가 지난해 말 제10차 전력 수급 기본계획에 2027년까지 화석연료 감축 목표를 명시할 것을 건의했지만, 주무 부처인 산업통상자원부가 목표 달성이 사실상 불가능하다고 반대하고 나선 것이다.

기후 변화에 대한 정부의 인식과 대응이 세계의 추세와 부합하고 혼선이 빚어지지 않도록 일관성이 필요한 시점이다.

기후 변화가 초래할 사회 · 경제적 영향

 기후 변화는 자연환경과 생태계는 물론 인간의 사회 · 경제 · 건강 등에 광범위하고도 깊은 영향을 미친다. 우리는 이미 그 영향 아래 놓여 있으며, 우리가 지금보다 몇 배는 더 노력하지 않는 이상 그 영향은 점점 더 강해져 우리를 더욱 옥죌 것이다.

 지구의 온도가 올라가면 벌어지는 재난이 한두 가지에 그치지 않는다. 인간 사회와 경제 그리고 건강에 미치는 영향이 전면적이고 총체적이라는 것이다.

 열 관련 질병이 증가하여 인류의 건강이 심각한 위험에 빠질 수도 있고, 농업 생산량이 줄어들 수도 있다. 또 해수 온도의 상승에 따라 어장을 잃은 어촌이 사라질 수도 있다.

 설산과 빙하가 녹아내리고 바닷물이 팽창하여 해수면이 상승하면 저지대의 해안이 침수되거나 침식되어 해안 지역의 사회 기반 시설이 무너진다. 바다의 문제는 해수면 상승만이 아니다. 바닷물이 대기에 과잉된 이산화탄소를 흡수하여 산성화되면 산호나 조개류 같은 해양 생물에는 치명적이다.

 열대성 폭풍이나 허리케인이 갈수록 더 자주 더 강하게 몰아

처 해마다 피해가 늘어난다. 갑작스럽게 폭우가 쏟아져 대처할 수 없는 홍수가 빈발하고, 일부 지역에서는 살인적인 가뭄으로 인간은 물론이고 모든 생명체가 고통을 당한다.

기후 변화는 생태계를 파괴하거나 교란하고 생물의 서식지를 훼손한다. 이에 따른 생물 다양성 손실은 인간 사회에 직접 영향을 미치는 심각한 결과를 초래한다. '꿀벌의 소멸' 이 대표적인 예다.

최근 들어 우리나라 최대 양봉 산지인 전남과 경남을 중심으로 양봉 농가의 한숨 소리가 커지고 있다. 꿀벌의 60%가 사라져 양봉 농사 자체가 불가능한 지경에 처한 것이다. 꿀벌의 소멸은 양봉 농가의 문제를 넘어 인류의 생존과도 직결되기 때문에 더욱 심각한 문제다. **물리학자 아인슈타인은 일찍이 "꿀벌이 멸종하면 인간도 그로부터 수년 안에 사라질 것" 이라고 경고했다. 꿀벌은 그저 꿀만 모으는 곤충이 아니라, 세상의 모든 꽃을 오가며 꽃가루를 옮겨 수정을 도와 열매를 맺게 한다. 그러니 꿀벌의 소멸은 식량난을 불러 인간의 생존을 위협한다.**

꿀벌 소멸의 주요 원인은 인간에게 있다. 꿀벌의 집단실종은 꿀벌들이 집을 나선 이후에 돌아오지 못하고 어딘가에서 폐사하기 때문에 일어나는 일이다. 원인은 농약 살포, 서식지 감소, 기후 변화, 바이러스 감염 등 복합적인 것으로 나타났다. 다양한 전자기기에서 발사되는 전자파가 꿀벌의 방향 감지 기능을 마비시켜서 그렇다는 의견도 있다.

"기후 변화는 지속 가능한 발전을 위협하고, 미래 세대의 삶을 위협하게 될 것이다. 직접적인 사례로는 페루를 들 수 있다. 기후 변화로 인해 지난 30년간 안데스산맥의 만년설 22%가 사라졌다. 이후로는 해마다 5%씩 녹아 없어져 완전 소멸 시계가 더욱 앞당겨질 것으로 예측된다."

오늘날에는 기후 변화가 국가 간의 분쟁이나 전쟁에도 결정적인 영향을 끼친다. 기후 변화는 국가 안보와도 직결되는 것이다.

2005년, 수단 공화국 다르푸르 지역에 극심한 가뭄이 들었다. 아랍계 유목민 간에 서로 부족한 물을 확보하려는 가운데 충돌해 내전에 돌입했다. 이 전쟁으로 사망자 200만 명, 난민 400만 명이 발생했다. 21세기 최초의 '기후 전쟁'이었다.

시리아에 2006년부터 5년간 이어진 극심한 가뭄으로 곡물 생산이 급감하면서 생존의 위험에 내몰린 농민 수백만 명이 도시로 이주했다. 이들 이주민의 시위가 도화선이 되어 2011년 내전이 일어나 20만여 명이 사망하고 500만여 명의 난민이 발생했다. 2013년부터 4년간 브라질에 살인적인 더위를 동반한 가뭄이 계속되었다. 대도시의 상수원이 고갈되면서 식수까지 제한되어 관광산업이 주저앉고 식량 생산이 급감했다.

지난 100년간 기후 재난은 이전보다 40배나 증가하고, 지구 온도가 1°C 상승할 때마다 생물 종의 30%가 멸종하였다.

기후 변화는 이처럼 지속 가능한 발전을 위협하고, 미래 세대의 삶을 위협하게 될 것이다. 직접적인 사례로는 페루를 들 수 있다. 기후 변화로 인해 지난 30년간 안데스산맥의 만년설 22%가 사라졌다. 이후로는 해마다 5%씩 녹아 없어져 완전 소멸 시계가 더욱 앞당겨질 것으로 예측된다.

갈수기에는 만년설이 흘려주는 물로 식수는 물론 농공업용수까지 충당했다. 그런데 이 만년설이 고갈되면 페루의 과수 농사와 광산 산업은 치명적인 타격을 입을 것이고, 끝내는 생산 기반이 모두 사라지고 말 것이다.

히말라야 빙하는 '아시아의 물탱크'로 불린다. 이 물탱크가 기후 변화로 인해 해마다 5%씩 감소하고 있다. 인류 문명의 요람이자 젖줄이던 인도의 갠지스·인더스강, 이집트의 나일 강, 중국의 황허강, 동남아시아의 메콩강 역시 물 부족으로 몸살을 앓고 있다. 기후 변화로 인한 강수량 감소로 이들 강 유역에 삶을 기대고 있는 국가 간에 식수와 농공업용수 확보와 이용을 둘러싸고 분쟁이 발생하고 있는데, 갈수록 격화될 것으로 보인다.

에너지 효율과 지속 가능한 에너지 자원

세계 주요 선진국은 2050 탄소 중립 목표와 이행체계를 법제화하고 더욱 강력한 탄소 배출 감소 방안을 내놓았다. 한국은 14번째로 2050 탄소 중립 목표와 이행체계를 법제화하고, 2030년 온실가스 배출량 감축 목표를 2018년 대비 40% 이상 감축하는 구체적인 계획을 수립했다.

화석연료의 수요는 2030년을 기점으로 내리막길로 꺾인 이후 빠른 속도로 감소할 것으로 예측된다. 화석연료의 매장량이 상당히 남은 시점이지만, 갈수록 경제적 채산성이 떨어지는 원인에 더해, 더 중요하게는 기후 변화에 대응하기 위해 더는 채굴해서는 안 된다는 것 때문이다.

그 채굴하지 못하는 화석연료를 '태울 수 없는 탄소'라고 한다. 화석연료가 남아 있다고 해도 쓸 수 없다는 뜻이다. 2°C 탄소 예산을 초과하지 않으려면 현재 매장 상태로 있는 화석연료의 80%는 채굴하지 않고 땅속에 그대로 두어야 한다. 인간이 눈앞의 욕심 때문에 그 80%를 끝내 보존하지 못한다면 그 80%의 사용과 함께 스스로 소멸하고 말 것이다.

온실가스 배출을 감축하기 위해 **첫 번째로 제시되는 방안은 '에너지의 효율적인 사용'으로, 가장 기본적이고도 핵심적인 방안이다.** 현재의 화석연료 사용을 하루아침에 전면 중단할 수는 없는 노릇이므로 사용하는 기간이라도 에너지를 효율적으로 사용하여 사용 에너지의 총량을 줄이는 것도 온실가스 배출을 감축하는 주요 수단이다. 다만, 에너지 사용의 효율이 증대되면 그만큼 이용률이 높아지는 반등 효과를 차단해야 소기의 목적을 달성할 수 있다.

감축의 또 다른 방안으로는 저탄소 또는 탄소 중립 에너지 사용 확대, 탄소흡수원 확대, 생활 방식 전환, 에너지 소비 절약 등을 들 수 있다.

그런데 현 정부 들어 탄소 중립 에너지 정책에서 재생에너지

확대보다는 원자력발전 확대에 치중하고 있어 논란이 되고 있
나. 문제는 새로운 부역 장벽이 된 RE100에는 원자력발전 에
너지가 포함되지 않는다는 점이다. 게다가 원자력발전 에너지
는 처리 과정에서 엄청난 에너지가 투입되는 데다가 폐연료 처
리비용은 얼마가 들어갈지 계산조차 서지 않는다. 무엇보다 후
쿠시마 원전 재난에서 보듯이 기후 변화에 따른 위험은 비할
수도 없을 만큼 엄청난 위험을 안고 있다.

"글로벌 기업들이 하나같이 국내 기업에 탄소 중립을 위
해 재생에너지 사용을 요구하고 있지만, 국내의 전체 에너
지 중 재생에너지가 차지하는 비중은 4.7%에 불과하다. 국
내 기업들이 쓰고 싶어도 쓸 재생에너지가 없는 실정이다."

애플을 비롯한 글로벌 기업들은 삼성전자, SK하이닉스 등 국
내 반도체 기업에 주문을 낼 때 재생에너지 이용을 조건으로
내건다. 그런데 정부 정책은 이와는 역주행하고 있어서 국내
기업들은 사면초가에 빠진 상태다. 반도체 업황 부진 추세에
더해 재생에너지 수급의 이중고를 겪으면서도 정부의 지원을
전혀 기대할 수 없는 실정이다.

글로벌 기업들이 하나같이 국내 기업에 탄소 중립을 위해 재생에너지 사용을 요구하고 있지만, 국내의 전체 에너지 중 재생에너지가 차지하는 비중은 4.7%에 불과하다. 국내 기업들이 쓰고 싶어도 쓸 재생에너지가 없는 실정이다.

삼성전자가 국내 사업장에서 사용하는 재생에너지 비중이 20% 남짓에 불과한 데 비해 미국과 중국 사업장에서는 사용하는 재생에너지 비중은 이미 100%라는 사실이 한국의 참담한 현실을 고스란히 보여준다.

최근 들어 기업들이 녹색 제품 협약을 통해 재생에너지로 생산한 제품에 대해서는 관세를 면제하자는 움직임도 있다. 전 세계에서 생산되는 재생에너지의 양이 점점 증가하고 있다.

재생에너지에 이어 '신재생에너지' 라는 말을 쓰는데, 신재생에너지는 신에너지와 재생에너지를 통틀어 부르는 말이다. 화석연료와 핵분열을 이용한 에너지를 제외한 대체에너지를 가리키는 신에너지에는 새로운 물리력, 새로운 물질을 기반으로 하는 핵융합, 자기 유체 발전, 연료 전지, 수소 에너지 등이 포함되는데 수소 에너지처럼 일부는 재생에너지와 겹치기도 한다.

지속 가능한 에너지인 재생에너지에는 태양 에너지, 풍력 에너지, 지열 에너지, 수력 에너시, 소력 에너지, 파력 에너지, 수소 에너지, 바이오매스 등이 있다.

태양 에너지는 인류가 가장 오래 사용해온 재생에너지다. 집을 남향으로 짓는 것도 태양열을 이용한 좋은 사례다. 이후 태양열로 물을 데워 난방에 이용한 데 이어 증기를 이용하여 전기를 생산하는 데까지 기술이 발전했다. 이런 발전을 토대로 지금은 집열판이나 태양 전지를 통해 태양 에너지를 직접 전기에너지로 전환하여 사용하기에 이른 것이다.

태양 에너지는 어디서나 손쉽게 얻을 수 있고, 생산단가가 갈수록 낮아지고 있다는 장점이 있어 재생에너지 중에서 가장 보편적으로 사용되고 있다.

풍력 에너지를 생산하는 풍력 발전은 태양 발전과 마찬가지로 유지 보수가 쉽고 생산비용이 저렴한 데다가 친환경적이다. 다만, 안정적인 에너지원으로 안착하려면 몇 가지 까다로운 기술적 문제를 해결해야 하는 과제가 남았다.

지열 에너지는 대개 화산 활동 지역에서 발전 자원을 취한다. 온천, 간헐천, 끓는 진흙탕, 열수의 분출 구멍 등은 쉽게 개발할 수 있는 지열 자원이다. 고대 로마인은 온천을 온수욕과 가정 난방에 이용했다. 지열 에너지의 가장 큰 잠재력은 180℃ 안팎의 열수와 증기를 전기 발전에 이용하는 것이다.

수력 에너지는 20세기 최고의 재생에너지로 꼽히는데, 협곡이나 강을 댐으로 막아 발전하는 방식을 흔히 수력 발전이라고 한다. 우리가 조력 발전으로 부르는 조수 댐을 이용한 발전 방식 역시 수력 발전의 하나다.

파도를 이용하는 파력 발전도 있는데, 넓은 의미로 보면 수력 발전에 속한다. 다만, 바람에 의해 발생하는 파도 에너지를 활용하는 방식이고, 바람은 태양열의 온도 차이로 발생하는 공기의 흐름이므로 태양을 원천으로 한다는 점에서 '태양열+풍력+수력'이 합작으로 생산하는 에너지라고 할 수 있다.

파력 에너지는 조력 에너지보다 에너지 밀도는 낮지만, 태양열 에너지처럼 설치 영역이 넓고 발전기 가동 시간이 길어서 수급이 안정적이라는 장점이 있다. 세계에너지협회 자료에 따르면 파력 발전으로 생산할 수 있는 에너지는 연간 2테라와트로 추정되는데, 전 세계 전기 생산량의 2배에 해당한다.

우리나라는 2016년 제주도에 처음으로 파력 발전소를 지었는데, 연간 580MWh의 전력을 생산할 수 있는 규모다. 그 전에 이미 파력발전시스템 개발을 추진하여 파력 발전의 핵심설비인 터빈, 전력제어기 등의 기술 개발을 완료한 터여서 제주도 파력 발전소를 국내 기술로 설치할 수 있었다.

현재 우리나라를 비롯하여 미국, 영국, 일본, 스페인 등 일부 국가만 관련 기술을 확보한 상태다. **2050년까지 전체 전력 수요의 7% 이상을 파력 발전으로 충당할 계획을 세운 미국이 시장을 주도하고 있다. 파력 발전 관련 세계시장은 10년 후쯤이면 50조 원 규모로 성장할 것으로 예측된다.**

수소는 지금보다 에너지 효율을 좀 더 높여야 하는 기술적 문제가 남았지만, 온실가스 배출이 거의 없는 청정 에너지원이다. 수소는 물을 원료로 제조할 수 있으며 사용 후에는 다시 물로 재순환된다. 기초 소재부터 비행기까지 거의 모든 분야에 활용될 수 있다는 장점이 있지만, 저장과 수송이 까다롭다는 단점이 있다.

바이오매스는 태양 에너지를 받은 식물과 미생물의 광합성에 의해 생성되는 식물체·균체와 이를 먹고 살아가는 동물체를 포함하는 생물 유기체를 일컫는다. 일부 유기성 폐기물도 포함된다. 바이오매스는 식물을 활용한 새로운 에너지원으로 식물의 지방이나 당 성분을 이용한다. 석유 엔진을 개조하여 폐식용유 등의 식물성 기름에서 에탄올을 추출하여 연료로 사용하는 것이 바이오매스 활용의 흔한 사례. 다만, 바이오매스의 원자재인 식물을 키우는 과정에서 발생하는 환경 오염과 저개발 국가의 식량난을 초래할 수 있다는 문제가 있어서 재생에너지라고 하기에는 논란이 있다.

인구 규모는 전 세계 26위지만, 이산화탄소 배출 규모는 6위인 한국의 국가에너지계획(INDC)은 2°C 탄소 예산을 위한 공정한 경로 달성에 불충분하다는 평가를 받아왔다. 1인당 배출량의 가파른 상승, 석탄화력발전 건설 재정 지원, 연이은 감축 목표 폐기 등이 문제점으로 지적된 데서 알 수 있듯이 우리나라는 재생에너지 비중은 OECD 국가 중 거의 꼴찌 수준이다.

최근 세계 신규 발전 설비 용량의 60% 이상이 재생에너지 설비로, 해마다 200~300GW씩 증가하여 2021년에는 3,250여

GW의 용량에 이르렀다. 현재 독일, 프랑스를 비롯한 주요 유럽연합국의 재생에너지 비중은 50%에 가깝지만, 한국은 그 10분의 1에 불과하다. OECD 국가 평균(30%)의 6분의 1이다. 현 정부는 원자력 에너지 확충에 정책의 중점을 두고 있지만, **세계 무역에서 가장 강력한 규제로 작용하기 시작한 RE 100이 요구한 재생에너지에 원자력 에너지가 제외된 사실을 가볍게 여겨서는 안 될 것이다.**

02

디지털화와 정보 보호

디지털화의 급속한 발전은 새로운 기회를 제공하지만, 동시에 사이버 보안과 같은 새로운 과제도 부여한다. 디지털 윤리 공유와 규제 장치 강화는 개인정보 보호와 공정한 데이터 관리를 위해 지금도 중요하지만, 미래사회에서는 더욱 중요해질 것이다.

오늘날 거의 모든 기업이 디지털 환경을 고객 관리와 마케팅 도구로 활용하고 있으며, 소비자도 일상으로 모바일이나 노트북을 통한 디지털 환경에서 상품을 구매하고, 대금결제 등 모든 금융거래를 한다.

디지털화의 발전으로 인한 개인정보 침해의 문제는 세계 모든 국가가 직면한 도전 과제다. 그래서 제정된 개인정보 보호법은 개인정보 유출로 인한 피해를 최소화하고 정보사회에서 개인정보 자기결정권을 보호하기 위한 다양한 규정을 담는다.

그러나 법적 제도만으로는 부족하다. 합리적인 개인정보 이용 빛 보호 문화 성착을 위해 사회구성원 모두의 적극적인 참여와 인식 개선이 병행되어야 할 것이다.

디지털 환경의 급속한 확장

디지털 환경을 확장하는 디지털 기술이 끊임없이 발전하여 산업 전반에 큰 영향을 미치고 있다.

5세대 이동통신 기술인 5G(이는 상업적 명칭이고, 정식 명칭은 NR, 즉 New Radio다)의 상용화 등 정보통신기술의 계속된 발전으로 이미 네트워크 기반의 서비스가 보편화했으며, 플랫폼 기반의 비즈니스 모델이 발전하였다. 게다가 빅데이터, 인공지능, 블록체인, 실감기술 등 디지털 기술의 발전과 이들 기술 간의 융합은 기존 서비스의 고도화와 더불어 새로운 비즈니스 영역을 창출하는 등 산업은 물론 우리의 일상도 크게 변화시키고 있다.

빅데이터는 인공지능 기술과 결합하여 금융, 정보 서비스, 의료 등 다양한 분야에서 고객 맞춤형 서비스 방식으로 활용된다. 인공지능 역시 서비스산업 전반에서 고객 맞춤형 방식으로 활용된다.

무엇보다 빅데이터는 '정보통신산업의 원유'로 불릴 정도로, 현재도 그렇지만 미래에는 가장 중요한 자원이 될 것이다. 빅데이터는 사적 정보든 공적 정보든 세상의 모든 정보를 남김없이 빨아들이는, 그야말로 정보 먹는 하마다. 논문에서부터 소셜 네트워크의 사소한 댓글 하나까지, 심지어 상품에 붙은 상품설명서 하나까지 거의 실시간으로 수집하는 경지에 이르렀다. 그래서 개별 맞춤 마케팅이 가능해지고, 개별 맞춤 의료, 복지 서비스도 가능해진 것이다.

"5G 통신기술까지는 우리나라가 후발주자여서 따라온 것이라면, 6G 통신기술에 이르러 선도국가로 나서게 된 것은 고무적이다. 이에 우리나라 6G 통신기술이 국제표준이 될 수 있도록 정부가 가능한 모든 지원을 아끼지 않아야 할 것이다."

인공지능과 융합한 빅데이터는 기업들이 세계 비즈니스 동향을 분석하여 적절히 대응할 수 있게 하고, 상품별 국내외 수요의 정확한 예측으로 시설 투자에 차질이 없도록 하며, 운송을 비롯한 공급망도 더욱 효과적으로 관리할 수 있도록 한다.

이런 빅데이터 세세시장 규모는 시난해 약 1,600억 날러를 기록하는 동안 해마다 14% 안팎의 가파른 성장세를 보여왔다. 이런 추세라면 앞으로 10년 후쯤에는 5,000억 달러에 이를 것으로 예측된다.

블록체인 기술은 익명성과 정보의 투명성을 강화하여 계약이나 증명, 인증 등 보안이나 신뢰를 바탕으로 하는 비즈니스 모델에 활용된다. 가상현실(VR), 증강현실(AR) 같은 실감체험형 기술은 몰입감과 현장감을 높여 서비스 품질을 획기적으로 개선한다.

현재 블록체인 기술은 암호화폐와 같은 금융 분야에서 본격적으로 활용되고 있지만, 그 투명성과 추적성의 탁월함으로 인해 공급망 관리의 이상적인 솔루션을 구축할 수 있다는 점에서 그 활용도가 산업 전반으로 확장되고 있다. 블록체인의 분산형 접근 방식은 의료 분야에도 크게 이바지할 것이다. 환자와 의료진과의 상호 소통을 강화하면서도 데이터 변조를 방지하는 등 개인정보 보안 수준을 높여줄뿐더러 환자 치료 효과를 개선하고 관리 비용을 더욱 낮춰줄 것으로 기대된다.

가상자산 지갑, 블록체인 포인트 통합 플랫폼, NFT(대체 불가능 토큰) 개발 등 다양한 분야의 웹3.0 기업들이 웹2.0 서비스와의 시너지를 높이며 적극적으로 생태계를 확장하는 가운데 웹3.0 블록체인 세계시장 규모도 가파른 성장세를 보여 2030년이면 600억 달러에 이를 것으로 예측된다.

앞에서 5G에 관해 약술했지만, 그보다 한 단계 발전한 6G도이미 실현 단계에 접어들어 앞으로 10년 이내에 상용화할 것으로 보인다. 차세대 정보통신기술 6G는 지상 외에도 인공위성을 기지국으로 삼음으로써 기반시설이 완전히 파괴된 재난 현장, 그러니까 모든 통신이 끊긴 현장에서도 스마트폰을 통해 외부와의 통신이 가능하도록 한다. 6G 통신망이 구축되면 통신장애 지역이나 통신장애 상황이 완전히 해소되는 것이다. 상공, 바다, 오지를 막론하고 지구 어디에서든 스마트폰을 쓸 수 있게 되는데, 통신 장애나 지연을 겪지 않아도 된다.

5G 통신기술까지는 우리나라가 후발주자여서 따라온 것이라면, 6G 통신기술에 이르러 선도국가로 나서게 된 것은 고무적이다. **이에 우리나라 6G 통신기술이 국제표준이 될 수 있도록 정부가 가능한 모든 지원을 아끼지 않아야 할 것이다.**

사이버 보안 위협과 그 영향

사이버 보안 위협에서 뉴스감이 되는 것은 외부로부터의 대규모 공격이지만, 일상으로 발생하는 사이버 보안 위협의 상당 부분은 조직 내부에서 비롯한다. 암호와 같은 민감한 정보를 유출하는 행위, 액세스 권한과 정보 열람권을 이용하여 조직의 네트워크를 손상하는 행위 등의 위협이 상존한다.

외부로부터의 공격은 내부의 침입에 비해 횟수는 적지만, 한 번 터지면 치명적인 결과를 초래한다는 점에서 방어에 가장 힘을 기울여야 할 사이버 보안 위협 요소다. 외부 공격자는 표적 시스템에 접근하기 위해 보안 환경을 끊임없이 탐색하면서 빈틈을 노려 공격한다.

오늘날 모든 비즈니스 환경은 서로 연결되어 있으므로 상시로 보안 위협에 노출되어 있다. 공격자들은 본사 시스템에 직접 침투하기가 여의치 않으면 그에 연관된 자회사나 협력업체 또는 부설 연구기관으로 우회하여 침투 경로를 뚫기도 한다. 그러므로 정부 기관과 국책기관 그리고 기업들은 본부나 본사 시스템은 물론이고 모든 산하 연관 조직의 시스템에도 사이버 보안 강화를 지원하고 상시 점검할 필요가 있다.

사이버 위협 환경은 날로 첨예해지고 있다. 방어체계 강화에 맞서 공격 기술이나 패턴이 갈수록 지능화하는 추세다.

가장 널리 알려진 공격 수법은 디도스(DDoS)로, 여러 대의 컴퓨터가 특정 사이트를 마비시키기 위해 한꺼번에 공격하는 것이다. 디도스의 목적은 자료를 훔치거나 삭제하기보다는 정당한 신호를 받지 못하도록 방해하는 '분산 서비스 거부'에 있다. 그리하여 서버의 자원을 고갈시키거나 네트워크의 대역폭을 소모하여 웹사이트 또는 애플리케이션의 작동을 멈추게 하거나 접속이 느려지도록 만든다. 이는 고객 만족도 하락을 불러 매출이 감소하고 기업 이미지가 손상된다. 심지어 법적 책임에 내몰리기도 한다.

우리나라에서는 2009년에 정부 기관, 포털, 은행 등이 디도스 공격으로 일시 마비된 사건이 벌어졌다. 2011년에도 악성 코드를 이용한 디도스 공격이 벌어졌다. 사용자의 컴퓨터가 감염되어 디도스 공격에 이용되는 '좀비 컴퓨터'가 되지 않으려면 운영체계의 보안 패치를 최신으로 유지해야 한다. 또 백신 프로그램을 설치해 최신 버전 업데이트를 실행하고, 실시간 검사 기능을 켜둘 필요가 있다.

봇(bot)은 보안이 취약한 컴퓨터를 찾아내 스스로 침입하여 설치하거나(봇) 사용자를 속여 설치하게 만드는(트로이 목마) 원거리 해킹 툴이다. 이렇게 설치된 봇은 채팅 서버와 P2P 네트워크를 통해 컴퓨터를 감염시킴으로써 제어권을 가져와 다른 컴퓨터를 공격하게 할 수도 있고 감염된 시스템에서 정보를 빼낼 수 있다.

그 밖에 주로 전자금융 사기에 이용되는 피싱(Phishing), 파밍(Pharming), 스미싱(SMS phishing) 같은 공격 수법도 있다. 공신력 있는 출처 사칭으로 민감한 정보를 훔치는 피싱은 이메일에 기반을 둔 수법이고, 파밍은 위장 사이트나 서버에 기반을 둔 수법이다. 문자(SMS)와 피싱(Phishing)이 결합한 스미싱은 인터넷 주소가 포함된 문자를 피해자에게 보내 악성 코드를 설치하게 만든 후에 정보를 탈취하는 수법이다.

"사이버 보안 위협은 디지털 환경이 확대될수록 전 세계적으로 날로 심화하고 있다. 세계적으로 날마다 500만 개가 넘는 데이터 기록이 도난당하거나 유실된다. 그 숫자는 앞으로 더 빠르게 늘어날 것이다."

기술의 발달은 개방성의 확장을 수반함에 따라 보안이 취약해지는 위험이 따른다. 정보통신의 혁신적 기술인 5G 역시 LTE의 폐쇄적 구조와 달리 분산 구조의 개방형으로 설계되어 보안에 취약하다. 주파수 대역을 쪼개 여러 분야에 분산 적용할 수 있는 네트워크 슬라이싱 기능으로 하나의 망을 가상으로 자율주행 전용망, 가상현실 전용망 등으로 나눠 각 서비스에 맞춰 전송한다. 이 기능을 활용하면 기지국 단위에서도 데이터를 처리하기 때문에 개인정보가 해킹될 위험성이 높다.

또 장비 단위에서의 해킹이 일어나면 군사 보안상으로도 문제가 된다. 미국은 중국 정부가 국가적으로 지원하는 화웨이와 ZTE 장비를 통해 세계의 5G를 지배하는 것을 우려한다. 중국이 사물인터넷 네트워크 시장을 장악하게 되면 도시를 무기화할 수 있다면서 자율주행차가 갑자기 인도로 돌진하거나 드론이 여객기 엔진을 향해 날아드는 치명적인 상황을 예로 든다.

라지브 수리 노키아 회장은 "5G는 보안이 생명"이라며, 날카롭게 경고한다.

"사소한 실수로 치명적 결과가 발생하는 분야에 적용되기 때문에 작은 보안사고도 돌이킬 수 없는 대재앙이 터질 수 있다."

사이버 보안 위협은 디지털 환경이 확대될수록 전 세계적으로 날로 심화하고 있다. 세계적으로 날마다 500만 개가 넘는 데이터 기록이 도난당하거나 유실된다. 그 숫자는 앞으로 더 빠르게 늘어날 것이다.

　2015년, 영국의 한 통신회사의 보안장벽이 뚫려 16만 명에 가까운 고객의 신상 데이터가 털렸다. 회사는 이미지 실추와 함께 막대한 손실을 본 데다가 규제 당국으로부터 40만 파운드의 벌금을 부과받기까지 했다.

　2016년, 미국에서 세계 최대 규모의 디도스 공격 사건이 터졌다. 사물인터넷(IoT)을 활용한 공격을 받아 한 네트워크 공급업체의 대형 웹사이트 상당수가 다운되었다.

　사이버 보안 위협은 기업의 시스템뿐 아니라 제품과 재무에도 직접 피해를 준다. 2014년, 글로벌 영화제작사 소니 픽처스는 데이터 유출로 상품 가치가 하락하여 3억 달러로 추정되는 손실을 보았다. 2016년, 방글라데시중앙은행은 시스템에 접속하여 민감한 암호를 탈취한 후 해외 사기 계정으로 자금을 이체하는 수법에 당해 8,000만 달러를 잃었다.

　이처럼 기술이 발전하고 디지털 환경이 확장될수록 사이버 보안 위협도 더 커진다. "열 명이 한 명의 도둑을 막지 못한다"는 옛 격언이 21세기 디지털 시대에 더 실감을 주니 참으로 얄궂다.

디지털 윤리와 개인정보 보호

디지털 환경이 확장되고 우리의 일상과 더욱 밀접해질수록 디지털 윤리는 더욱 중요하다. 그런데 우리 사회의 디지털 현장은 온갖 혐오표현, 허위정보, 사이버폭력, 개인정보 침해, 저작권 침해 등의 폭력과 사기 그리고 범죄적 행위가 범람하고 있어 심각한 사회문제가 된 지 오래다. 여기에 정치적 진영 논리까지 가세해 가짜뉴스 유포와 언어폭력 행사의 수위는 이미 개인의 자유로운 의사 표현의 선을 한참 넘어섰다.

방송통신위원회와 한국지능정보사회진흥원은 대응책의 하나로《크리에이터를 위한 디지털 윤리 역량》이라는 교육 책자를 발간하면서 "디지털 윤리는 디지털 사회에서 지켜야 할 인간의 도리"라고 했다. 또 "디지털 윤리 역량은 개인의 권리, 상대에 대한 배려, 소통 역량, 신기술에 대한 이해능력, 온라인상 문제 등에 따른 법률적 이해 등을 포함한다"고 설명했다.

양 기관은 이에 더해 '디지털 윤리 10가지 자가 점검표'를 만들어 디지털 산업 종사자에게 제시했다. 여기에는 저작권 침해, 혐오표현, 개인정보 침해, 폭력적·선정적·위험한 콘텐츠, 광고 표시 불이행, 명예훼손, 가짜뉴스 제작 및 유포와 인용, 초상권 침해, 콘텐츠 조작 등에 관한 점검 내용이 포함된다.

디지털 윤리가 더욱 필요한 것은 사람의 목숨이 걸린 일이기 때문이기도 하다. 터무니없는 비방과 저주에 가까운 악성 댓글은 총보다 더 무서운 살상 무기다. 익명으로 거주하는 디지털 환경에서는 책임도 지지 않고 제대로 처벌도 받지 않는 탓에 사이버폭력이 더욱 기승을 부린다. 악성 댓글을 난사하는 사람들은 당사자와 아무 이해관계도 없을뿐더러 악성 댓글 자체도 아무 앞뒤 맥락 없이 불쑥 난사되어 당사자를 마구 베고 찌른다.

특히 대중의 주목을 받는 유명인은 악성 댓글에 시달린 나머지 상처를 받거나 극심한 스트레스를 받는 일이 허다하다. 심지어 고통을 이기지 못해 스스로 목숨을 끊는 참사까지 벌어진다. 그나마 유명인은 그 실상이 알려지기라도 하지만, 일반인의 사이버폭력 피해는 훨씬 더 광범위하고 심각할 수도 있다.

지난해 10월 이태원 참사 발생 이후 온라인 커뮤니티에는 처참한 현장 모습이 무분별하게 공유되고 희생자를 조롱하는 2차 가해가 자행되어 고인을 모욕하고 유가족에게 깊은 상처를 남겼다. 여기에는 유명인뿐 아니라 일부 언론까지 가세하여 공분을 샀다. 디지털 윤리 교육 및 사이버폭력 규제 강화가 얼마나 중요하고 시급하게 필요한지를 새삼 보여준 장면이다.

"디지털 윤리가 더욱 필요한 것은 사람의 목숨이 걸린 일이기 때문이기도 하다. 터무니없는 비방과 저주에 가까운 악성 댓글은 총보다 더 무서운 살상 무기다. 익명으로 거주하는 디지털 환경에서는 책임도 지지 않고 제대로 처벌도 받지 않는 탓에 사이버폭력이 더욱 기승을 부린다."

타인의 명예를 훼손하거나 혐오표현을 일삼는 것은 표현의 자유 영역 밖에 있는 범죄행위지만, 문제 해당 표현의 범죄 성립 여부를 판단하기 어렵다는 것이다. 그래서 처벌도 어려운 것이고, 악플러들도 그런 점을 악용하는 것이다. 그러니 법적 강제만으로는 충분히 해결하기 어려운 문제다. 플랫폼 사업자의 자율규제 강화는 물론 사용자들의 성숙한 디지털 윤리가 더욱 필요하다.

디지털 환경에서는 이처럼 개인의 사생활과 인격이 존중받고 보호받는 것도 중요하지만, 개인정보 보호도 그에 못지않게 중요하다.

갈수록 지능화하고 다양해지는 사이버 보안 위협으로부터 개인정보 보호를 위해 어떻게 대처해야 할까? 정부 기관이나 기업 같은 큰 조직들은 최고 수준의 방화벽과 최고 전문가들의 엄호를 받을 수 있어 어떻게든 대처하겠지만, 보안에 큰 비용을 들일 수 없는 개인은 상대적으로 더욱 취약할 수밖에 없다.

그러나 사이버 보안이라고 해서 반드시 복잡하거나 돈이 많이 드는 것만은 아니다. 간단한 습관이나 조치 하나만으로도 보안 수준을 상당히 높일 수 있다. 허술하게 잠근 문을 좀 더 단단하게 잠그는 것이다. 디지털로 들어가는 모든 문은 비밀번호, 즉 암호를 대야 열리게 되어 있다. 그 암호의 보안 수준을 올리고 자주 교체하는 것만으로도 방어벽이 상당히 두터워진다.

디지털 보안 전문업체에 따르면 주요 보안 침해 사건 10건 가운데 8~9건은 허술한 문단속, 즉 열악한 암호화가 원인이었다. 암호를 잘 관리하는 간단한 일이 사이버 보안에 얼마나 중요한지를 보여준다.

사실 개인정보 보호는 당사자 본인만 잘한다고 되는 일은 아니다. 우리 개개인의 신상 정보는 은행이나 보험회사 같은 금융기관에도 맡겨졌고, 정부 기관이나 통신회사에도 맡겨졌으며, 회원 가입을 한 다양한 사이트에도 맡겨졌다. 그런 곳의 내부자가 마음만 먹으면 얼마든지 개인정보를 무더기로 유출하여 팔아먹을 수도 있고, 범죄에 이용할 수도 있다. 더 많은 경우는 부주의나 실수로 유출된다. 실제로 그런 일이 드물지 않게 일어나 사회를 발칵 뒤집어놓기도 했다.

그러나 말만 무성할 뿐 이런 일을 방지하기 위한 실제적이고도 획기적인 조치가 없었다. 그러는 사이 경찰관이 민원 처리 과정에서 알게 된 개인정보를 이용해 사적으로 연락하는 일과 같은 어처구니없는 사건들이 잇따랐다. 이에 최근 들어 체계를 정비하고 규제를 강화하는 개인정보 보호법 시행령 개정안이 의결되어서 그나마 다행이다.

개인정보를 사적인 목적으로 이용하는 행위를 엄격히 금지하고, 위반 시 5년 이하의 징역 또는 5,000만 원 이하의 벌금형에 처하는 등 처벌을 강화했다.

그러나 **우리 사회의 선제석인 개인정보 보호체계나 그 정보를 다루는 담당자들의 의식을 보면 우리가 안심하기에는 허술하거나 부족한 부분이 적지 않다. 규제하는 법은 있지만, 관행적인 솜방망이 처벌도 문제가 있다. 모든 국민이 안심할 수 있는 획기적인 보호책 마련과 실행이 그 어느 때보다 절실한 시기다.**

03

인공지능과 미래의 일자리

인공지능의 발전은 이미 노동시장에 변화를 가져왔으며, 앞으로 더 많은 변화를 일으킬 것이다. 일부 직업은 사라지거나 변화할 것이며, 새로운 직업이 생겨날 것이다. 기술 교육이 갈수록 더 중요해지고, 인간과 기계의 협업이 일상화될 것이다.

인공지능으로 대표되는 4차 산업혁명이 일자리를 늘릴지 줄일지 아니면 없어지는 일자리만큼을 새로운 일자리로 채울지는 지금으로선 단정하기 어렵다. 다만, 기존의 많은 일자리가 사라지거나 새로운 직무 역량을 요구하게 될 것이며, 전혀 새로운 일자리가 다수 생길 것은 분명하다.

인공지능의 발전과 그 영향

우리 사회는 인공지능에 대해 대체로 긍정적이다. 인공지능

기술 발전이 개인과 사회에 미치는 영향에 대해 어떻게 생각하는지 인터뷰한 결과 지난해와 다름없이 10명 중 8~9명이 긍정적으로 답변했다.

한 가지 눈에 띄는 점은, 인공지능을 긍정적으로 인식하는 비율이 60세 이상의 고령층이 20대의 청년층보다 10%나 높다는 사실이다. 60세 이상의 고령층은 20대 젊은 세대에 비해 기술 발전 체감도나 사용능력은 떨어지지만, 개인과 사회에 좋은 영향을 줄 것이라는 긍정적인 인식만은 더 높았다.

인공지능 기술 발전으로 가장 기대되는 편익은 '생활의 편리성'과 '삶의 질 증대'로 나타났으며, 가장 우려되는 문제는 '일자리 감소'로 나타났다. 업무 효율화로 인한 여가 증대, 생산성 향상 및 경제 성장, 새로운 일자리 창출 등을 긍정적인 이유로 들었다. 이 인터뷰에서는 크게 부각하지 않았지만, 인공지능은 이미 의료·복지 분야에 활용되어 혁신을 일으키고 있다. 휴머노이드 인공지능 로봇은 육체적으로 쇠약한 노인을 물리적·심리적으로 돌볼 수 있으며, 인공지능으로 인해 개별 상황에 적합한 맞춤형 복지의 실현이 가능하게 되었다.

물론 우려하는 점도 적잖았다. 일자리 감소를 비롯하여 인간 효용성 하락, 빈부·정보 격차 등의 양극화 심화, 개인정보 및 사생활 침해 등을 우려되는 문제로 들었다. 일자리 감소는 생계와 직결되는 문제라서 더욱 우려가 컸다. 그렇다면 인공지능이 대체하기 쉬운 직업은 뭘까?

자산관리사, 통·번역가, 은행원, 법조인, 채용면접관 등 전문지식이나 기술을 필요로 하는 직업의 업무 능력은 인공지능이 인간보다 더 뛰어날 것으로 인식되었다. 정확한 사실 전달 능력이 요구되는 기자나 아나운서는 인간과 인공지능이 비슷한 업무 역량을 가진 것으로 인식되었다. 신속한 판단과 기술적 대처 능력이 요구되는 의사와 간호사, 정서적 교감이 필요한 개그맨, 가수, 작가, 육아도우미, 사회복지사, 심리상담사, 교사 등은 인간이 인공지능보다 더 뛰어날 것으로 평가되었다.

인공지능 발전에 대한 우리 사회의 인식을 살펴보았으니, 이제 인공지능이 초래할 미래의 영향에 대해 알아보자.

인공지능의 발전은 모든 분야에 영향을 미치고 우리 사회에 혁신적인 변화를 가져오겠지만, 그래도 가장 민감하게 작용하는 영향은 일자리 변화가 될 것이다.

세계 유수의 연구기관과 컨설팅 기업들은 하나같이 '인공지능의 발달로 현재 일자리의 태반이 사라질 것' 이라고 경고한다. 인터넷 혁명이 초래한 초연결 사회에서 이미 수많은 중간 관리직이 사라졌다. 이어서 인공지능 혁명이 가져올 초연결 지능사회에서는 수많은 전문직이 사라질 것이다. 다보스 포럼은 선진국에서 700여만 개의 일자리가 사라질 것으로 예측하고, 옥스피드대학교는 미국 내 일자리 절반이 20년 안에 사라질 것으로 예측했다.

인공지능에 대한 우려는 두 가지로 요약된다. 양극화의 확대와 인류에 대한 위협이다. 양극화의 확대는 이미 미래의 일이 아니며, 인류에 대한 위협은 갑론을박 중이다. 인공지능은 일단 임계점을 넘어서면 인류보다 훨씬 빠른 속도로 진화한다는 것이 우려의 핵심인데, 전혀 터무니없지만은 않다. 그래서 인공지능은 기술 문제나 일자리 같은 사회 문제로만 접근할 게 아니라 인류학적 문제로도 접근할 필요가 있다.

미래의 직업과 기술 교육

기술 발전에 따라 일자리도 변화한다. 갈수록 기술 발전의 속도가 빨라짐에 따라 일자리 변화 주기도 빨라지고 그 폭도 커진다. 전화교환원, 식자공, 정보검색사를 비롯한 수많은 직종이 21세기를 맞기도 전에 역사 속으로 사라지고 이후 빅데이터 분석가, 디지털 보안 전문가, 인공지능 전문가, 3D프린팅 전문가 같은 지능정보 분야 직종이 새로운 직업으로 출현했다. 다보스 포럼은 선진국 초등학생의 65%는 "지금은 없고 미래에 생길 새로운 직업"에서 일하게 될 것으로 예측했다.

〈MIT 테크놀로지 리뷰〉는 다보스 포럼에서 나온 자료를 인용하여 2030년까지 출현할 것으로 예측되는 새로운 직업을 소개했다. 그중 어떤 직업은 공상과학소설에나 등장하지 싶을 정도로 비현실적이다. 그러나 미래 직업을 예측한 것이니, 비현실적으로 보이는 것도 당연하지 않겠는가.

다보스 포럼에서 꼽은 미래 직업의 **첫째는 '폐기물 재활용 기사'로, 쓰레기장에 버려진 자재를 회수해 새로운 제품으로 만드는 직업이다.** 재활용 기술 발전에 더해 기후 변화와 에너지 변화 대응과 관련해 보면 상당히 유망한 직업이 될 것이다.

둘째는 '국가유산 보존사'로, 나라의 주요 건축물 등을 입체적으로 스캐닝해 디지털 기록물로 영구히 보존하는 직업이다. 일부 국가에서는 이미 생겨나기 시작한 직업으로 상당히 인기가 있다.

셋째는 '블록체인 뱅킹 엔지니어' 로, 미래 시설 전문가로 보면 된다. 블록체인 기술 인프라를 확장해 사람들이 세계 어느 곳에 서든 안전하게 은행 시스템에 접속할 수 있게 하는 직업이다.

넷째는 '건축 프린팅 기사' 로, 3D프린터 산업의 발전과 함께 생겨날 직업이다. MIT 연구진이 3D프린터를 개발해 단층 건축 물을 만드는 시연을 해 보인 바 있는데, 상당히 유망한 직업이 될 것이다.

다섯째는 '공공기술 윤리 전문가' 로, 새로운 기술이 출현하면 공공 차원에서 일반인이 사용하기에 적합한지를 판별하는 직업 이다. 미래의 정부기관에 수요가 있을 것이다.

여섯째는 '원격 로봇 외과의사' 로, 외딴 지역이나 원거리에 사는 환자를 로봇을 통해 원격으로 진찰해주는 직업이다. 원격 로봇이 실시간으로 작동하려면 사물인터넷을 기반으로 한 5G 통신망이 필수적이다.

기술 발전에 따른 미래 직업을 예측했지만, 그중 어떤 직업들은 혁신적인 기업들에 의해 이미 현재의 직업이 되고 있다. 직업 변화의 시계가 생각보다 빨라진 것이다.

골드만삭스는 주식 자동 거래 소프트웨어를 도입하면서 주식 트레이더 600명을 2명으로 줄이고, 외환 딜러 4명은 외환거래 알고리즘을 개발하는 컴퓨터 엔지니어 1명으로 대체했다.

독일에서는 로봇과 컴퓨터 활용이 증가함에 따라 2025년까지 조립 및 생산 분야에서 60만여 개의 일자리가 없어지는 대신 IT 및 데이터 과학 분야에서 100만 개에 가까운 일자리가 새로 생길 것으로 내다보았다.

세계적으로 단순 반복 업무가 로봇과 컴퓨터로 대체되면서 생산직과 품질관리직을 중심으로 일자리가 감소하는 대신에 IT 솔루션 설계사, 사용자인터페이스 설계자, 산업데이터 과학자, 로봇 코디네이터 같은 창의적인 일자리가 새로 생기거나 증가할 것이다. 우리나라도 일자리 변화가 이런 패턴에 가까울 것이다.

보다시피 예측되는 미래 직업은 대개 발전된 기술의 디지털 환경을 기반으로 삼고 있어서 기존의 직업과는 판이하게 새롭고도 전문적인 직무 역량이 요구된다. 그래서 특별히 기술 교육이 필요한 직업들이다.

제4차 산업혁명은 인공지능과 빅데이터를 비롯한 첨단기술의 발전과 기술 및 분야 간 융·복합 특징을 띠기 때문에 그 어느 때보다 직무 변화가 커서 기술 교육이 필요한 직업이 다수 생길 것이고, 기술 교육을 받지 못하거나 직무 변화에 대처하지 못하면 실업자가 되기 쉬울 것이다. 미래의 유망 직업으로 꼽히는 사물인터넷 전문가, 인공지능전문가, 빅데이터 전문가, 가상현실 전문가, 3D프린팅 전문가, 생명공학자, 정보 보호 전문가, 응용소프트웨어 개발자, 로봇공학자 등이 모두 기술 교육이 필요한 직업이다.

"미래 사회에 대비하는 데는 기술 교육이 중요하고 필요하지만, 그것만으로는 충분하지 않다. 여기에 인문학적 소양을 더해야 비로소 기술 교육이 완성된다. 기술 발전에 따른 윤리 문제가 주요한 사회 문제로 떠오르고, 앞으로 갈수록 더 심각한 문제가 될 것이다."

새로 생기는 직업은 말할 것도 없지만, 미래에 살아남는 기존의 직업 역시 발전된 기술이 적용됨에 따라 직무 변화가 커서 재교육이 필요하게 된다.

사람이 직접 제품을 조립하고 검사하고 적재하는 일이 없어지는 대신에 시스템과 로봇을 관리하는 일을 하게 될 것이다. 건물미화원은 스마트폰으로 조종하는 로봇을 청소에 활용할 것이고, 건물경비원은 CCTV와 지능화 영상분석시스템, 경비로봇을 관리하고 통제하는 일을 하게 될 것이다.

제조 공장, 건설 현장, 사무실 등 직업 현장에서도 노동자가 가상현실장치, 스마트워치, 스마트글러브, 모바일기기, 3D프린터 등과 같은 첨단 디지털기기를 일상으로 사용하게 될 것이다. 그러니 미래 직업은 기술 교육이 중요하다.

제4차 산업혁명으로 몰아치는 변화의 큰 물결은 국가로서도 개인으로서도 위기이자 기회이다. 이 변화를 기회로 삼기 위해서는 무엇보다 기술 교육을 통해 미래 직업에 필요한 직무 능력을 길러야 할 것이다. 그렇다면 기술 교육에는 구체적으로 어떤 내용을 담아야 할까?

무엇보다 먼저 창의와 융·복합 교육을 강화할 획기적인 정책이 필요하다. 제4차 산업혁명을 견인하는 첨단기술은 창의력이 8할이고, 산업 간 융·복합이 갈수록 더욱 필요해지고 있다. 또 디지털 활용 능력을 키우는 교육의 강화도 빼놓을 수 없다. 앞으로 노동자들은 직종을 막론하고 디지털 환경에서 디지털 장비를 사용하여 일하게 될 것이다. 우리도 그렇지만, 선진국들은 초등학교부터 프로그래밍 교육이나 IT 활용의 수준별 학습 같은 디지털 관련 교과 과정을 수행하고 있다.

독일 지멘스와 같은 디지털 기술 적용 선도기업들은 현장노동자가 디지털 환경에 적응하고 첨단장비에 능숙해지도록 기술 교육에 투자를 아끼지 않는다. 우리도 학교 현장은 물론 산업 현장에서도 미래에 대비하여 과감한 투자로 기술 교육을 강화해야 할 것이다.

미래 사회에 대비하는 데는 이처럼 기술 교육이 중요하고 필요하지만, 그것만으로는 충분하지 않다. 여기에 인문학적 소양을 더해야 비로소 기술 교육이 완성된다. 기술 발전에 따른 윤리 문제가 주요한 사회 문제로 떠오르고, 앞으로 갈수록 더 심각한 문제가 될 것이다.

과학기술 발전이 인류에 던지는 윤리적 딜레마는 기술적으로 풀 수 없는 문제다. 인문학이 필요하다. 물론 인문학이 과학기술공학의 들러리로 인식되어서는 안 되겠지만, 고도의 과학기술 발전이 초래하는 부작용과 윤리 문제의 해결 실마리를 인문학에서 찾아야 할 것은 분명하다. 과학기술공학과 인문학은 서로 다른 별개의 분야처럼 보이고, 또 오랫동안 그렇게 여겨왔지만, 나란히 미래의 디지털 사회를 이끌어갈 융·복합 지식의 핵심 토대다. 현재도 그렇지만, 미래사회에는 과학기술이 발전할수록 인문학도 그만큼 더 중요해지고 필요하게 될 것이다.

인간과 기계의 협업과 공존

미국인에게 널리 알려진 '존 헨리의 결투'는 로아크 브래드퍼드(1896~1948)가 1931년에 발표한 소설 《존 헨리》에서 그려낸 일화지만, 당시 기술 발전에 따른 사회 문제를 고스란히 반영한 '현실'이다.

1870년 무렵에 미국의 체서피크와 오하이오를 잇는 철도를 놓기 위해서는 서부 버지니아의 애팔래치아 산맥을 관통하는 터널을 뚫어야 했다. 폭파 기사들은 화약을 설치하기 위해 바위 구멍을 뚫는 데 증기 드릴을 사용했다. 1870년대 남부지방에서도 근대식 증기 드릴을 사용하게 되자 이 철도 터널 공사를 하는 중에 증기 드릴과 재래식 망치의 구멍 뚫기 대결이 벌어졌다. 이때 증기 드릴과 대결할 선수로 나선 사람이 '강철맨'으로 불리던 존 헨리다. 당시 인간의 체력과 지구력을 상징하던 존 헨리는 기술의 발전으로 자기와 같은 현장 노동자들이 직업을 잃게 될까봐 걱정하면서도 기계를 이길 수 있다고 장담했다. 헨리는 자신의 장담대로 기계와의 대결에서 승리했지만, 얼마 지나지 않아 과로로 죽고 말았다.

산업혁명 이후 기술 발전이 일자리를 크게 변화시켜 가는 가운데 인간 육체의 힘만으로 문제를 해결하던 시대는 사라졌다. 1970년대 이후 산업 전반에 컴퓨터 시스템이 도입되면서 공장 기계들은 서로 연결되고 자동화되어 갔다. 많은 현장노동자가 통제실에 앉아 모니터를 보면서 키보드와 마우스로 작업을 조종하는 화이트칼라로 변모해갔다. 점점 더 몸보다 머리를 더 많이 써야 하는 노동 현장이 늘었다. 단순 반복적이거나 힘들거나 위험한 일은 기계가 대신하고 노동자는 그 기계를 부리고 관리하는 기술을 배우고 익혀야 하는 시대가 되었다.

그러나 그런 시대도 오래 가지 못했다. '알파고'로 표상되는 인공지능의 발전으로 산업 현장은 물론이고 사회와 가정까지 디지털화를 넘어 지능화의 경지로 들어섰다. 기계가 인간의 육체적 능력에 이어 수리 능력까지 초월하더니 마침내 인간의 지능까지 갖게 된 것이다. 미래에는 기계가 인간의 지능을 어디까지 뛰어넘을지 가늠이 가지 않는다니, '그래도 되는 걸까' 하는 우려까지 든다.

앞으로는 화이트칼라와 블루칼라의 해묵은 구분이 사라지고 현장 노동자든 사무실 노동자든 지식노동자로 변화할 것이다. 또 변화해야만 살아남을 것이다. 그것이 바로 기계와 협업을 이루어 공존하는 길이다. 다음은 전통적인 굴뚝 공장이 스마트 공장으로 변모한 가운데 현장 노동자가 지식노동자로 변화하여 일하는 풍경이다.

널찍하고 말끔한 공장 안에는 나란히 늘어선 기계 설비와 로봇들이 연신 자동으로 제품을 조립하고, 검사하고, 포장하여 무인트럭에 싣는다. 인공지능을 탑재하여 지능화된 기계들은 서로 데이터를 주고받으면서 정해진 알고리즘에 따라 빈틈없이 움직인다. 공장 안 어디에도 사람은 보이지 않는다. 기계들이 일하는 동안 중앙통제센터에 설치된 수많은 모니터에는 디지털 수치가 끊임없이 움직이고 기술자들은 스마트 공장의 전체 생산 과정을 모니터하고 정상 범위를 확인한다. 기계장비와 로봇에 오류가 발생하면 즉시 호출을 받은 유지관리 기술팀이 스마트글라스와 웨어러블 컴퓨터를 착용하고 나타난다. 그들이 중앙통제센터와 교신하면서 문제점을 찾아내 부품을 교체하거나 프로그램을 재시동한다.

2030년쯤이면 흔히 보게 될 스마트 공장의 내부 모습을 묘사한 가상현실이다. 말이 가상현실이지 이미 실현 단계에 들어선 손 안의 미래다.

위의 공장 풍경에서 눈에 띄는 것은 인간과 기계가 협업을 통해 공존하는 모습이다. 미래사회에는 이처럼 인간과 기계의 협업과 공존이 주요 화두가 될 것이다.

전통적인 자동차 조립공장에서는 로봇과 인간이 서로 분리되어 다른 일을 맡았다. 역할을 분담한 것이다. 로봇은 위험한 작업이나 빠르게 처리해야 하는 작업을 맡고, 인간은 섬세하고 복잡한 조립 작업을 맡았다. 그러나 인공지능의 출현으로 인간과 기계가 분업을 넘어 협업하는 일이 많아지고 있다.

가령, 독일의 BMW 스마트 공장에서는 가변장치 조립 작업자가 로봇팔과 협업을 한다. 작업자가 기어 상자 내부에 베어

링을 끼워 놓으면 로봇팔은 5.5kg의 기어를 상자 안에 놓는다. 이를 기다렸다가 작업자가 상자 뚜껑을 닫아주면 조립이 완성된다. 작업자와 로봇이 한 팀을 이뤄 작업 능률을 극대화하는 것이다.

자동차 공장의 오버헤드 콘솔 조립공정 작업자는 팔을 하루에 4,000회 이상 머리 위로 들어 올리는데 목과 어깨 근육을 다치기 쉽다. 이에 포드자동차에서는 옷처럼 착용하면 인체의 외골격을 보호하여 팔과 어깨 근육의 피로를 줄여 주는 로봇 슈트인 '엑소베스트' 장치 도입에 들어갔다. 인간과 기계의 협업을 넘어 인간과 기계가 아예 합체를 이루어 업무 효율을 극대화하는 데까지 나아간 것이다.

지능화한 기계가 인간의 일자리는 물론 인간이 하는 일을 모두 대체하는 것이 아닌가 하는 우려가 점점 더 커지고 있지만, 적절히 통제할 수만 있다면 기계는 인간의 잠재력을 보강하거나 증강하는 목적으로 사용되어 인간의 삶의 질을 높이는 역할에 귀착될 것이므로 지나치게 우려할 필요는 없을 것이다.

"인간에게 쉬운 일은 로봇에게는 어려운 일이고, 로봇에게 쉬운 일은 인간에게는 어려운 일이라는, 인공지능에 대한 '모라벡의 역설'은 1980년대에 로봇공학자 한스 모라벡이 제시할 때만 해도 '협업'을 염두에 둔 것은 아니었지만, 오늘날 이 역설은 인간과 기계의 협업 가능성과 필요성을 설명하는 하나의 좋은 근거가 되고 있다."

우리가 자동차에 탑재하여 운용하는 내비게이션은 인간과 기계가 협업하는 좋은 사례다. 인공지능 알고리즘을 내장한 내비게이션은 GPS 데이터로 위치 변화를 인지하고 목적지까지의 경로에서 일어날 모든 교통 변화를 축적된 데이터로 학습한다. 또 그와 동시에 실시간으로 접속된 차량의 위치와 주행 속도를 수집하여 목적지까지의 경로를 시간 및 구간 단위로 세분하여 예측한다.

이처럼 교통 환경 변화를 실시간으로 자동 반영하므로 운전자는 추천 경로만 따르면 가장 효과적으로 목적지에 닿을 수 있다. 이때 운전자는 내비게이션의 추천 방식을 임의로 바꿀 수 있으므로 인간과 기계의 진화된 협업 체계라고 할 수 있다.

인간은 일의 처리를 종합적으로 조율하고 방향을 제시하며 가치를 판단하는 역할에서 존재감이 빛나는 데 비해 기계는 일을 빠르고 정확하게 연속적으로 처리하고 빅데이터를 활용해 예측까지 하는 역할에서 인간과는 비할 바 없이 뛰어나다.

인간과 기계가 협업하고 공존하기에 최적의 환경을 조성하는 것이 중요하다. 그러므로 인간은 기계가 업무의 본질을 신속하고도 정확히 파악할 수 있도록 지능화를 설계해야 한다. 단순히 기계의 자동화에만 초점을 맞춰서는 안 되고 기계와 인간이 협업을 통해 효율을 극대화 수 있도록 소프트웨어를 구상하고 시스템에 적용해야 한다. 그러니까 인간과 기계의 협업 시스템을 구축하는 과정에서도 이미 인간과 기계의 협업이 이뤄지는 것이다.

'인공지능이 대체하는 직업이 사라지는 만큼 새로운 일자리가 만들어지진 않을 것'이라는 다보스 포럼의 예측은 협업의 각도에서 새롭게 살펴볼 필요가 있다.

가령, 로봇 저널리즘이 등장하면서 기자들의 직업이 사라질 것으로 예측하지만, 로봇 저널리즘이 없애는 업무보다 더 많은 새로운 개인 맞춤 미디어들이 등장하면서 기자들은 새로운 저널리즘에서 숙련된 인공지능 비서를 데리고 질 높은 기사를 쓸 것이라는 시나리오도 있다.

매킨지는 현재의 800개 직업에서 2,000가지 작업을 분석한

결과 45% 정도만 인공지능이 대체할 것으로 보면서 미래사회
는 인간과 인공지능의 협업 사회를 이룰 것으로 예측했다.

"인간에게 쉬운 일은 로봇에게는 어려운 일이고, 로봇에게
쉬운 일은 인간에게는 어려운 일이다."

인공지능에 대한 이 '모라벡의 역설'은 1980년대에 로봇공학
자 한스 모라벡이 제시할 때만 해도 '협업'을 염두에 둔 것은
아니었지만, 오늘날 이 역설은 인간과 기계의 협업 가능성과
필요성을 설명하는 하나의 좋은 근거가 되고 있다.

04

세계화와 국제 협력

세계화는 애초에 '국제 협력을 통한 공동번영'의 명분에 기반을 두고 무역장벽을 허물어 세계 경제를 하나의 시장으로 통합해가는 일련의 과정을 의미했다. 무역과 투자에 대한 국가 간장벽의 제거와 경제 활동의 자유화가 세계화의 핵심 내용이다.

경제 활동의 자유화는 애덤 스미스의 자유주의에 맥이 닿아있다. 1980년대에 영국과 미국을 시작으로 세계로 퍼진 신자유주의와도 같은 맥락에 있다.

영국과 미국은 당시 효율성의 저하로 국제 경쟁력이 약화하는 등 경제가 위기에 처하자 위기를 타개하기 위한 이념으로 신자유주의를 채택하고 그에 따른 정책을 강화해나갔다. 대외적으로는 자유무역협정을 통해 관세 장벽 없는 시장을 확대하는 것이고, 대내적으로는 자유경쟁을 내세워 공공 부문과 사회보장을 대폭 축소하고 그만큼 민간 부문을 확대하는 것으로,

이른바 대처리즘과 레이거노믹스다.

신자유주의자들은 자유경쟁의 실현, 효율성 극대화, ㅠ제 절폐, 정부 기구 및 기업의 구조조정, 사회복지 부문에 대한 공공예산 철폐 등으로 시장 원리에 충실할 것을 외쳤다. 또 정부의 보호에 안주하여 능률이 떨어진 국내 산업을 국제간의 자유경쟁을 통해 성장시키기 위해서는 완전자유무역을 이뤄야 한다고 강조했다.

세계화가 시작된 이후 지난 50년 동안 전 세계 1인당 GDP는 사상 최고로 성장했으며, 세계 무역 규모는 비약적으로 증대했다. 한국과 중국을 비롯한 동아시아 국가들이 국제 무역 체제에 편입되면서 무역을 통해 고도의 성장을 구가했다.

그렇게 21세기가 시작될 무렵 한국은 세계 10대 교역국에 들었고, 대만은 세계적인 기술 강국으로 성장했으며, 홍콩과 싱가포르의 1인당 GDP는 유럽연합의 평균을 앞질렀고, 중국의 국민소득은 3배나 증가했다. 여기에는 세계화가 끼친 영향이 크지만, 세계화는 그에 못지않게 심각한 부작용을 낳기도 했다. 기술력과 생산력의 차이로 인해 국가 간의 불균형이 심화하고, 지구 환경이 더 빨리 악화했으며, 각 국가 내에서도 양극화가 확대되었다.

어쨌든 세계화로 인해 세계는 경제뿐 아니라 정치 · 사회 · 문화적으로도 하나로 연결되었다. 이런 바탕 위에서 국제사회는 국가 간 협력, 즉 국제 협력의 실질적인 진전을 이루고자 다양한 노력을 기울였다. 특히 기후 변화라는 지구 환경의 문제에 직면하여 국제 협력 체제는 더욱 강화될 수밖에 없는 현실이다. 기한 내에 전 지구적 탄소 중립을 이루려면, 선진국들이 아직 준비도 부족하고 기술력이나 실행 역량도 한참 못 미치는 개발도상국에 대해 국제 기준을 충족하라고 강요만 할 게 아니라 전폭적인 지원과 협력을 우선해야 할 것이다.

국제 협력은 광범위한 의미로 통하지만, 좁혀 보면 국제 개발 협력을 말한다. 국제 개발 협력은 선진국—개도국 간, 개도국—개도국 간 또는 개도국 내에 존재하는 개발 및 빈부의 격차를 줄이고, 개도국의 빈곤 문제 해결을 통해 인간의 기본권을 지키고자 하는 국제 사회의 협력을 의미한다. 그 가운데 ODA(공적 개발 원조)는 정부를 비롯한 공공기관이 개발도상국의 경제 발전과 사회복지 증진을 목표로 제공하는 원조를 의미하여, 개도국 정부 및 지역 또는 국제기구에 제공되는 자금이나 기술협력을 포함한다.

지구 환경의 문제 앞에서는 전 세계가 하나로 엮인 공동 운명

체다. 지구 환경 문제를 해결하려면 선진국들만 잘살아서는 안되고 개발도상국도 잘살 수 있도록 지원과 협력을 아끼지 않아야 한다. 그리하여 국가 간의 격차를 줄이고, 각국 국내의 양극화도 완화해야 우리는 지속 가능한 미래를 열어갈 수 있다.

세계화의 현실과 그 의미

요즘 세계 곳곳에서 벌어지는 분쟁과 전쟁, 갈등과 긴장 국면을 보고 있자면 "세계화 시대의 종말이 도래했다"는 의견에 고개가 끄덕여진다. 영국의 경제지 〈파이낸셜타임스〉는 "국제협력을 기반으로 했던 세계화와 상호연결성이 이제는 무기가 되어 서로를 위협하고 있다"고 전했다. 우크라이나 전쟁을 계기로 러시아가 유럽연합에 대해 천연가스를 무기 삼아 위협을 가한 것도 그런 의견에 영향을 미쳤다.

최근 다보스 포럼에서도 탈세계화를 우려하는 논의가 이어졌고, 산업계에서도 리쇼어링과 같은 탈세계화 움직임이 활발해지고 있다. 하지만 이런 움직임은 선진국에도 그렇고 개발도상국에도 그렇고 그다지 바람직한 일은 아니다. 특히 개발도상국은 에너지든 산업 구조든 막론하고 선진국 경제에 크게 의존하기 때문에 탈세계화가 지속 가능한 개발의 근간을 위협할 수도 있다.

그러므로 기후 변화, 신종 전염병, 인플레이션 등 국제적으로 해결해야 할 난제들이 쏟아지는 현실에서는 탈세계화로 가기보다는 오히려 국제 협력체계를 강화하는 '재세계화'의 길로 가야 한다는 다보스 포럼의 권고가 설득력이 있어 보인다.

세계화의 폐해와 부작용을 탈세계화로 덮으려는 시도는 잘못된 처방이라는 인식에서 나온 개념이 '재세계화'(re-globalization)다. 새로운 비즈니스 기회를 창출함으로써 세계 경제가 활력을 얻기 위해서는 세계화의 개념을 넘어 선택적이고 전략적인 접근, 즉 재세계화가 필요한 시점이다. 지정학적 갈등이나 기후 변화와 같은 글로벌 위기 극복과 경기 회복을 위해 국제 사회의 상호연결성이 긴요해진 지금이야말로 탈세계화 대신 더욱 긴밀한 교류와 연결이 필요하다.

"세계는 지구 환경과 국제 협력의 의제를 중심으로 이미 탈세계화의 기운을 누르고 재세계화의 길로 들어선 것으로 보인다. 이전의 세계화가 무역과 투자의 양적 확장을 통한 규모의 경제 효과를 추구했다면, 재세계화는 보편적 가

치에 기반을 둔 무역과 투자의 질적 발전을 추구한다."

오늘날 동아시아의 지정학적 갈등을 격화시키고 세계 경제의 불확실성을 증폭시키는 미국과 중국의 패권경쟁을 보고 있사면 고래 싸움에 새우등이 터지지 않을까 싶은 위기감으로 살얼음을 딛는 기분이다.

사실 이런 식의 위기는 강대국들이 초래한 측면이 크다. 무역의 보호 장벽을 허무는 세계화를 주도한 것도 강대국들이요, 다시 보호 장벽을 쌓아 올리며 탈세계화를 주도한 것도 강대국들이다. 물론 강대국들이 탈세계화를 하려는 의도는 아니었겠지만, 결과적으로는 탈세계화를 주도한 셈이 되었다는 얘기다. 그렇다 해도 세계 질서를 철저하게 자국의 경제적 이해관계에 유리하도록 재편하려는 것이 강대국들의 변함없는 의도다.

그러나 세계 질서는 강대국들의 의도대로만 흘러가지는 않을 것이다. 또 강대국들도 언제까지 그런 기조를 고수하지는 못할 것이다. 200개국에 가까운 유엔 회원국들이 연대하여 미치는 영향력도 무시할 수 없기 때문이다.

세계는 지구 환경과 국제 협력의 의제를 중심으로 이미 탈세계화의 기운을 누르고 재세계화의 길로 들어선 것으로 보인다.

이전의 세계화가 무역과 투자의 양적 확장을 통한 규모의 경제 효과를 추구했다면, 재세계화는 보편적 가치에 기반을 둔 무역과 투자의 질적 발전을 추구한다.

그러나 재세계화의 길이 평탄하지만은 않을 것이다. 재세계화가 세계화의 맹점을 지우고 연착륙하려면 몇 가지 장애를 극복해야 한다. 우선은 '경제 안보'로 포장된 자국 우선주의를 극복하는 문제다. 어느 나라도 자진하여 자국 우선주의를 포기하지 않을 것이므로 미국과 중국을 비롯한 경제 대국들의 솔선수범이 그 어느 때보다 절실한 상황이지만, 그들이 오히려 자국 우선주의를 강화하고 있으니 녹록지 않은 문제다. 따라서 다자적 협력 관계를 더욱 진전시킬 필요가 있다.

최근의 미·중 갈등에서 보듯이 개별 국가 간에는 경제 안보 같은 민감한 사안을 두고 충돌할 수 있으므로 다자적 협력 관계 구축이 재세계화의 길을 넓히는 실효적인 방안이 될 것이다. 그 경제적 실례로는 개별 국가 간 FTA의 한계를 넘어 다자주의 무역체제의 확대를 통해 궁극적으로는 세계가 하나로 통하는 '메가 FTA'를 실현하는 것이다.

기후문제 해결을 위한 국제 협력

가장 시급하고도 중요한 인류 공동의 과제는 기후 변화에 대한 대응이다.

지난 2021년 영국의 글래스고에서 파리기후협정 이후 6년 만에 유엔기후 변화협약 당사국 총회(COP26)가 열렸다. 파리기후협정에 대한 각국의 실천 의지를 확인하는 자리이자 앞으로의 기후 변화 논의의 향방을 가늠할 수 있는 중요한 회의였다.

COP26에 참석한 197개 당사국은 기후 변화 위기에 국제사회가 함께 대응해야 한다는 대의에는 합의했지만, 선진국—개도국 간의 책임 부담, 재원 확보, 국가별 감축 목표, 공정성 확보 등 구체적인 실행 사안에 대해서는 이견을 좁히지 못했다. 실질적인 성과를 거두지 못한 것이다.

앞으로 국가별·지역별로 기후 변화 정책이 추진되는 가운데 탄소국경세 부과, 재생에너지 사용 의무화 등에 따른 기후 변화 관련 통상 분쟁이 빈번해질 것으로 예측된다. 지구 환경 문제는 각국의 산업경쟁력보다는 국제 협력의 관점에서 접근해야 공유지의 비극을 막을 수 있다. 이를 위해 특히 기후 변화 관련 핵심 기술을 개발하고 공유하는 국제 협력이 더욱 중요해질 것으로 보인다.

앞서 언급한 COP26에서 주최 측은 몇 가지 총회 목표를 제시했다. 2050년까지 전 세계가 탄소 중립을 실현하고 1.5도 상승 폭을 유지할 것을 합의하고 각국이 2030년 NDC(국가 온실가스 감축 목표)를 제출하는 것, 기후 변화의 충격을 받는 지역 공동체와 생태 서식지를 보호하는 수단을 확보하는 것, 이를 위해 선진국이 최소 1,000억 달러 규모의 기후 재원을 출연하겠다는 약속을 이행하는 것 등이다.

온난화 억제와 관련해 글래스고 기후합의에서 이룬 주목할 만한 성과는 협약문에 석탄 화력발전과 화석연료 보조금을 "단계적으로 감축한다"는 내용을 명시한 점이다. 화석연료 보조금 폐지는 온난화 억제를 위한 핵심 과제였지만, 중국과 인도 등 개발도상국들이 '폐지' 문구에 강하게 반발하고 나서자 총회는 '단계적 감축'으로 수위를 낮추는 것으로 논란을 봉합했다.

그러나 기후 변화에 책임이 가장 큰 선진국들의 기후재원 부담액, 전 세계 탄소 배출량의 절반 가까운 비중을 차지하는 미국·중국·유럽연합 등의 탄소 배출 경감 정책 등 공정성을 담보한 세부 합의가 이루어지지 않는 한 국제적 논의기구에서의 합의는 허사가 되기 쉬울 것이다.

국제사회가 상거래와 무역을 무기로 기후 변화 대응 과제 이행을 촉구하고 강제하는 것은 실질적인 변화를 끌어내고 그 속도를 높이는 데 매우 효과적으로 작동하고 있다. 앞에서 여러 번 언급한 RE 100도 좋은 사례다.

유럽연합 집행위는 2021년에 '탄소 감축 입법안'을 발표했다. 시멘트, 전기, 비료, 철강, 알루미늄 등이 적용 대상인데 향후 석유, 천연가스, 석탄 등으로 확대하자는 논의가 있어서 러시아를 비롯한 주요 화석연료 수출국들이 촉각을 곤두세웠다.

이 법안에 포함된 탄소국경조정제도는 유럽연합 역내로 수입되는 제품 중 역내 제품보다 탄소 배출이 많은 제품에 대해 탄소국경조정세를 부과한다는 것이다. 이와 함께 운송, 에너지, 배출권 거래제 등을 포함한 정책 패키지를 통해 탄소 배출을 억제함으로써 2030년까지 1990년 대비 탄소 배출량을 55% 수준으로 감축하고, 2050년까지 탄소 중립을 달성한다는 목표다. 탄소국경조정세는 당초 올해 발표할 예정이었지만, 전환 준비를 위한 3년의 유예기간을 두고 2026년부터 본격적으로 시행하는 방향으로 변경되었다. 준비가 턱없이 부족한 우리로서는 시간을 번 셈이다.

"지구 환경 문제는 각국의 산업경쟁력보다는 국제 협력의 관점에서 접근해야 공유지의 비극을 막을 수 있다. 이를 위해 특히 기후 변화 관련 핵심 기술을 개발하고 공유하는 국제 협력이 더욱 중요해질 것으로 보인다."

기후 변화에 대응한 탄소 감축 의무 비율을 이행하기 위해 각국이 행한 일련의 제한 조치들이 자유무역협정을 위반했다며 WTO에 제소되는 일이 잦아지고 있다.

캐나다 온타리오주는 재생에너지 생산 확대를 위해 풍력 에너지와 태양광 에너지 기술을 이용하여 전기를 생산하는 발전업자에게 화석연료를 이용하여 전기를 생산하는 발전업자들보다 높은 금액의 전력매입가를 20~40년간 보장했다. 이 발전차액지원제도의 혜택을 받으려면 발전 설비에 온타리오주에서 생산된 부품을 사용해야 한다는 조건을 내걸었다. 이에 일본은 온타리오주의 보조금 정책이 GATT 제3조 내국민대우원칙의 위반이며, 보조금협정에서 금지하는 '금지보조금'이라고 주장하며 WTO에 제소했다. WTO 상소 기구는 '금지보조금'에 대해서는 입증 미비로 무혐의 판결했지만, 내국민대우원칙 위반 건에 대해서는 일본의 손을 들어주었다.

이후에도 태양광 발전과 관련한 통상 분쟁이 여러 번 발생하는 능 기후 변화 대응과 관련한 무역 분쟁이 더욱 빈번해지고 있다. 이처럼 기후 변화 대응을 위한 다자간 협력이 지연되거나 실패를 거듭하게 되면 결국 지구는 공유지의 비극과 같은 불행한 종말을 맞고 말 것이다. 지구 환경은 한계 이상으로 오염되거나 파괴되면 자기 복원력을 잃고 결국 황폐화하고 말 것이고, 기후 변화 시계는 곧 한계점에 도달할 것이기 때문이다.

　그렇다면 향후 국제 사회가 나아가야 방향과 풀어야 할 과제는 분명하다. 탄소 중립으로 가는 과정에서 기후 변화 관련 무역분쟁을 최소화하고, 재생에너지 생산 및 이용을 비롯한 탄소 중립을 위한 다양한 핵심 기술의 국제 공유와 협력을 증진해야 한다. 그래야만 관련 기술의 중복투자를 막아 비용을 효율화하고 지체하는 일 없이 기한 내에 목표를 달성할 수 있을 것이다. 그렇다면 개별 국가나 기업이 개발한 기술이 세계적으로 신속하게 공유되고 활용될 수 있도록 국제 사회의 합의와 결단이 필요하다.

　미국이 2021년에 발표한 '주요 10대 기후혁신기술'만 봐도 탄소 중립 건물, CCUS(탄소 포집 및 저장), 에너지 관리기술, 저탄소 교통시스템, 주요 산업공정 저탄소화와 같은 핵심 기술은 한국을 비롯한 다른 선진국이 주목하는 기술 목록과 다르지 않다.

현재 유엔기후 변화협약의 기후기술센터 네트워크는 개발도상국의 기술 변화 적응 및 기후 변화 대응기술 전수에 초점을 두고 운영된다. 관련 기술 메커니즘을 개발도상국뿐 아니라 선진국 간 기술 교류 플랫폼으로 활용하는 방안을 추진할 필요가 있다. 이런 실효적인 조치가 저절로 이뤄질 리는 없으므로 유엔기후 변화협약과 같은 국제기구에서 선진국의 기술 이전 및 공유 의무를 한층 강화하고 동시에 그에 따른 적절한 보상 체계를 세워 제시해야 할 것이다.

인류가 당면한 난제 중의 난제인 기후 변화에 대한 대응은 개별 국가의 노력만으로는 크게 부족하다. 과제에 효과적으로 대처하기 위해서는 국내 차원의 관점뿐 아니라 국제 차원의 관점을 동시에 살펴 고려하는 정책 관리가 필요하다.

지속 가능한 국제 사회를 위한 노력

세계화가 지속 가능한 발전과 양립하기에는 문제가 심각하다는 것이 드러난 이후 탈세계화 논쟁이 일었다. 그러나 탈세계화로는 문제를 해결할 수 없을뿐더러 또 다른 문제를 일으킨다는 점에서 국제 사회의 동의와 공감을 얻지 못했다.

그래서 나온 것이 기존의 세계화와는 결이 다르고 차원이 다른 재세계화다. 재세계화는 애초의 의도대로 연착륙된다면 선진국과 개발도상국 간의 격차를 좁히고, 개별 국가 내의 양극화를 상당한 수준으로 완화함으로써 지속 가능한 미래사회를 여는 데 크게 이바지할 것으로 기대를 모으고 있다.

국제 협력의 필요성이 날로 커지는 가운데 벌어지는 국제 사회의 변화는 기후 변화와 그에 따른 생물 다양성의 감소 및 자연생태계의 급속한 붕괴, 제4차 산업혁명에 따른 사회 변화, 미국과 중국의 갈등을 둘러싼 국제 질서의 재편 움직임에 따른 불확실성의 증가, 청년실업의 심화, 국가 및 지역 간 소득 격차의 확대 등으로 요약된다.

우리나라는 여기에 더해 초미세먼지, 저출산 고령화, 일자리 부족, 정부 정책의 불확실성 증대, 정치적 편향에 따른 사회 갈등의 심화, 미 · 일 편중에 치우친 외교 관계, 악화일로에 빠진 남북 관계 등 숱한 문제를 안게 되었다.

지속 가능한 미래를 추구해야 하는 시점에서 우리는 지속 가능한 발전을 저해하는 문제를 세계 평균보다도 더 많이 떠안은 채 길을 잃어가는 현실을 마주하고 있다.

"인간 사회는 자연 자본을 직접 취하거나 그것을 활용해 필요한 것을 얻는다. 그로 인해 인간 사회가 지탱하고 발전하는데 지구 환경의 지속 가능한 보존 목표를 달성하지 못하면 인류는 돌이킬 수 없는 위협에 직면하게 될 것이다."

1987년, 노르웨이 브룬트란트 수상이 WCED(세계환경개발위원회)에 〈우리 공동의 미래〉(Our Common Future)라는 보고서를 제출했다. 이 보고서에서 그는 "미래 세대가 자신의 필요를 충족하기 위한 능력을 훼손하지 않으면서 현세대의 필요를 충족시키는 발전"이라고 지속 가능한 발전의 의미를 정의했다. 이후 이 개념은 인류의 공존을 위협하는 요인에 대응하는 국제 협력을 강조하는 자리마다 등장했다.

지속 가능한 발전을 위한 국제연합의 노력은 1987년 도쿄회의, 1992년 리우 회의, 1997년 교토 회의, 2002년 요하네스버그 회의를 거쳐 2015년 유엔 총회에서는 2030년까지 달성하고자 하는 빈곤 퇴치, 양질의 교육, 불평등 해소, 기후 변화 대응 등 17개 지속가능 발전 목표, 169개의 정책 세부 목표, 232개의 정책 성과지표를 제시하는 '2030 지속발전 의제'의 채택으로 이어졌다.

이 의제에서는 2030년까지 지속 가능한 지구 환경 목표를 달성하고, 평등하고 평화롭고 포용적이며 번영하는 사회로 전환할 수 있는 국제적·국가적 기본 방향을 제시한다. 그리고 지속 가능한 글로벌 사회상을 구상하고, 이에 필요한 요건, 수단, 서비스를 창출하는 사회 혁신을 주문한다.

인간 사회는 자연 자본을 직접 취하거나 그것을 활용해 필요한 것을 얻는다. 그로 인해 인간 사회가 지탱하고 발전하는데 지구 환경의 지속 가능한 보존 목표를 달성하지 못하면 인류는 돌이킬 수 없는 위협에 직면하게 될 것이다.

제3장

대한민국의 미래 변화 대응 전략

지속 가능한 발전으로 가는 길은 이제 선택이 아니라 의무다. 기후 변화 대응 노력에 발맞추지 않으면 기업 경영도 불가능하게 되었다. 따라서 기업은 온 힘을 다해 지속 가능한 발전의 길을 찾아간다. 개개인도 지속 가능한 삶을 지키기 위해 저마다 나름의 역할을 다하고자 노력한다. 정부는 이런 노력을 전폭적으로 지원하는 한편으로 관련 학계와 기업 등이 참여하는 새로운 통합 미래 변화 대응 전략 체계를 수립할 필요가 있다.

01

기술 혁신과 교육 개혁

오늘날 기술 발전을 보면 날마다 새로워진다는 말이 실감 난다. 그야말로 일일신우일신(日日新又日新)이다. 2016년, 다보스 포럼은 제4차 산업혁명 보고서에서 2025년까지 일어날 것으로 예측되는 기술 혁신을 제시했다. 그런데 그중 절반 이상은 2025년이 오기도 전인 2023년 현재 이미 실현되었다.

세계 사람들 대부분이 스마트폰을 사용하고, 인터넷에 일상적으로 접속할 수 있으며, 무제한의 무료 디지털 정보 저장을 할 수 있을 것이라는 예측은 이미 현실이다. 그리고 10%의 사람들이 인터넷에 연결된 옷을 입고, 인터넷에 연결된 안경을 쓰며, 미국 자동차의 10%가 무인자동차로 운전될 것이고, 신호등이 없는 5만 명 이상 인구를 가진 최초의 도시가 등장하며, 1조 개의 센서가 인터넷에 연결되고, 5%의 상품이 3D 프린터로 생산되며, 자동차와 인공 장기가 최초로 3D프린터로 생산되고, 인체에 심는 최초의 전화기가 판매되며, 최초의 로봇 약사가 미국에 등장하고, 30%의 기업 회계감사가 인공지능에 의하여 이루어지며, 인공지능 기계가 기업 이사회에 참석하고, 빅데이터로 인구조사를 대체하는 최초의 성부가 나타나며, 블록체인으로 조세를 최초로 징수하며, 세계 GDP의 10%가 블록체인 기술에 의하여 저장될 것이라는 예측은 실현되고 있거나 가까운 미래에 실현될 것이다.

사실 기술 혁신과 교육 개혁은 서로 맞물려 돌며 선순환하는 구조다. 교육 개혁이 기술 발전을 낳고, 그 기술 발전으로 인해 교육 개혁이 필요해지는 것이다. 기술 발전을 위해 교육 개혁이 필요하기도 하지만, **기술 발전에 따라 변화된 직무 역량을 갖추기 위해서도 교육 개혁이 필요하다. 미래 변화에 대응하는 직업 교육을 위해 교육 개혁이 필요한 것이다.**

대한민국은 기술 혁신을 통해 세계적인 산업 경쟁력을 길러 왔지만, 지속 가능한 발전을 이루려면 교육 개혁이 뒷받침되어야 한다. 미래의 기술 변화를 예측하고, 교육 개혁을 통해 변화에 대비해야 한다. 기술과 교육의 융합은 미래 세대의 경쟁력을 높이는 핵심 요소가 될 것이다.

대한민국의 기술 혁신 현황

"민간 및 공공 연구·개발비 투자 선도국가. 빠른 경제 성장을 이룬 불균형의 사회."

OECD(경제협력개발기구)가 진단한 대한민국의 모습이다. "연구·개발비 투자 선도국가"가 눈에 띈다. 빠른 속도로 기술 혁신과 더불어 경제 성장을 이룬 열쇠다. 자랑스럽다. 그러나 뒤이어 결론처럼 끝을 장식한 "불균형의 사회"에 낯이 뜨거워진다. 경제는 자랑스러운데 정치가 부끄러운 부분이다. 기술 혁신만 할 게 아니라 사회 혁신도 필요하다는 강력한 메시지다.

올해는 대한민국 '제5차 STI(과학기술 혁신) 기본계획(2023~2027)'이 시작된 해다. 때마침 《혁신 정책에 관한 OECD 리뷰 코리아 2023》(이하 'OECD 리뷰')이 발간되었다. OECD 리뷰는 대한민국의 STI 정책을 가늠하기에 훌륭한 자료다.

OECD 리뷰는 한국이 반도체와 정보통신기술 등 일부 분야에서는 뛰어나지만, 인공지능과 생명공학 분야에서는 아직 추격자의 위치에 있고, 중소기업과 대기업, 제조업과 서비스업, 도시와 농촌 간에 놓인 불평등은 여전하거나 더 깊어지고 있다고 진단한다. 노동자의 83% 이상이 일하는 중소기업은 신기술 도입의 어려움으로 인해 생산성이 대기업 전체의 26%에 불과하다. 연구개발 조직의 64.5%, 국가 연구개발 투자의 69.8%가 수도권에 몰려 있다. 지역 간 불균형이 극심한 현실이다.

OECD 리뷰는 한국의 STI 시스템이 고부가가치 서비스 분야를 강화하고, 중소기업과 스타트업의 지원을 강화할 것을 제안한다. 이는 주요 선진국들이 기술료나 라이선스 비용 등 고부가가치 서비스 수출에 치중하는 반면, 한국은 여행·운송·건설과 같은 낮은 부가가치 서비스에 치중하는 현실을 지적한다. 학계나 정부 연구소의 장비를 싸게 이용할 수 있게 하는 등의 중소기업 지원 강화 방안 제안도 눈에 띈다.

"한국이 가장 뒤떨어진 분야가 기후 변화 대응이다. 재생에너지 자원에 대한 투자를 빠르게 늘리고, 공공 조달을 통한 재생에너지 자원에 대한 수요 강화 및 탄소 배출을 낮추기 위한 높은 탄소 가격 설정 등의 정책이 필요하다."

한국은 출생률의 저하, 고령화하는 인구, 제한적인 재생에너지 사용과 막대한 양의 탄소 배출, 두드러진 성 불평등을 포함한 취약성 등 숱한 사회 문제에 직면해 있다. 여성 경제 활동 인구 비율은 60% 이하로 OECD 평균(65%)에도 못 미치고, 스웨덴 (80%)이나 독일(76%) 같은 유럽 국가에 비하면 한참 떨어진다. 산업을 보면 석유화학과 철강 같은 탄소 집약 제조업 비중이 월등히 높고, 아직도 화석연료 에너지에 크게 의존하고 있다.

한국이 가장 뒤떨어진 분야가 기후 변화 대응이다. 재생에너지 자원에 대한 투자를 빠르게 늘리고, 공공 조달을 통한 재생에너지 자원에 대한 수요 강화 및 탄소 배출을 낮추기 위한 높은 탄소 가격 설정 등의 정책이 필요하다.

국가의 미래기술 발전 정도를 가늠해볼 수 있는 유력한 지표의 하나가 '과학기술 혁신역량지수' 다. 지난해에 측정한 이 지수에 따르면, 36개 평가대상국 중 한국은 종합 5위였다. 10년 간 10위권을 지켜오면서 5위권까지 올라 일본을 앞질렀지만, 1위의 미국에 비하면 상대수준이 67.6%로 30%가 넘는 격차를 보였다.

부문별로 보면 5위에 올라 평균을 유지한 자원 부문은 연구인력·조직 등 혁신 자원에 대한 투자가 계속 확대되어 향상되고 있다. 인구 1만 명당 연구원 수는 수년 전부터 계속 1위에 올랐다. 인적자원 확보 수준이 비약적으로 높아진 것이다. 그러나 조직과 지식자원 항목은 1위 국가의 10~15%에 머물러 지속적인 역량 확보와 획기적인 개선이 필요하다.

활동 부문은 한국이 특히 강해서 3위를 유지했는데, 상대수준이 OECD 평균보다 2배나 높았다. 네트워크 부문은 상대적으로 낮아서 전년도 대비 3단계 하락한 14위였다. 네트워크 부문이 비교적 약한 것으로 나오지만, 가장 취약한 부문은 환경 부문으로 계속 하위권에 처졌는데 지난해에도 23위에 머물러 유일하게 OECD 평균 상대수준보다 낮았다. 환경의 세부 항목을 보면 ICT를 비롯한 물적 인프라는 우수한 편인데 지원 제도와 문화가 거의 꼴찌에 가까울 만큼 뒤떨어진 것으로 나타났다.

미래기술 트렌드와 대한민국의 준비

인구, 자원, 환경 세 분야는 글로벌 미래기술 트렌드 분야다. 국제 사회 차원에서 보면 신흥 경제국의 성장과 다국적기업의 활동 확대, 글로벌 가치사슬의 영향으로 과학기술 활동의 영향력이 커지는 동시에 지식과 인재 그리고 자원을 둘러싼 경쟁은 더욱 심화할 것으로 보인다.

미래사회의 글로벌 트렌드는 인구, 천연자원 및 에너지, 기후 변화와 환경, 재세계화, 국가의 역할, 경제·일자리·생산성, 사회, 부·건강·웰빙 분야에서 형성될 것이다.

출산율 저하와 인구의 고령화, 기후 변화, 자원의 고갈 등 글로벌 도전 과제에 대한 새로운 해결책이 될 핵심 기술은 인공지능, 생명공학, 신소재, 에너지 및 환경의 4개 분야가 될 것이다.

구체적으로 보면 인공지능이 이미 물류 및 제조업 부문과 엔터테인먼트, 의료, 마케팅, 금융과 같은 일부 전문직과 서비스업에서 인간의 노동력을 대체하여 노동비용 절감과 생산성 향상을 이루고 있고, 장차 창작 분야까지 대체하게 되면서 일자리 논란과 더불어 인간 존재 의미에 대한 질문을 안길 것이다.

빅데이터의 활용은 기업의 혁신과 경쟁력을 좌우하는 핵심 요소가 될 것이다. 또 공공 부문에서는 빅데이터 분석을 통해 행정 업무의 질과 효율을 높이고, 개별 주민의 특성을 고려한 맞춤식 복지가 가능해질 것이다.

사물인터넷(IoT)은 제2의 디지털 혁명이라 할 만큼 기술 발전의 경이로운 산물이다. 새로운 차원의 연결성을 지닌 사물인터넷은 산업은 물론 사회 전반에 엄청난 변화를 부르고 있다. 특히 건강산업, 제조업, 네트워크 산업과 공공 부문에 크게 영향을 미치고 있고, 또 미칠 것으로 예측된다.

블록체인은 이미 컴퓨터 네트워크에서 디지털 화폐 같은 금융자산의 생성과 거래를 비롯한 경제적 가치 활동의 데이터베이스 역할을 하기 시작했다. 이에 더하여 국가 간 송금 및 결제, 클라우딩 펀딩, 인증 시스템 생성 및 관리, 스마트 계약 등 다양한 분야에서 활용되는 미래사회의 기반 기술이 될 것이다.

건강수명이 중시되는 100세 시대에 바이오기술과 신경기술을 핵심으로 하는 생명공학은 미래산업을 떠받치는 중추가 될 것이다.

그 밖에도 신소재 기술, 3D프린팅으로 알려진 적층 가공기술, 소형위성 기술, 첨단에너지 저장기술 등도 (이미 상당히 실현되었지만) 미래기술의 트렌드로서 높은 부가가치를 창출할 것으로 보인다.

"과학기술 발전의 중장기 전략과 계획을 수립하고 지원하는 조직은 사업의 일관성과 연속성을 확보하기 위해서라도 정치 권력으로부터 독립성이 보장된 상시 체제로 운영할 필요가 있다. 그런 체제를 구축하여 운영하면 더할 나위 없겠지만, 현 체제에서도 어려우나마 운영의 효율을 살려 미래를 준비할 길은 있다."

우리는 어떻게 미래를 준비해야 할까?

사실 대한민국은 일찍이 과학기술 발전의 미래전략 수립과 실행을 장기 과제로 삼아 10년 주기로 차수를 바꿔 새로운 비전을 제시해왔다. 그런데 이제 과학기술의 발전 속도가 처음 발전 전략을 수립할 때와는 비할 바 없이 빨라졌다. 그만큼 과학기술의 트렌드 주기도 빨라지고 있다. 그래서 이제 10년 주기의 큰 틀은 유지하되 다시 5년 단위로 나누어 중단기 계획을 세워가고 있긴 하지만 더 보완해야 할 요소가 남았다. 계획서에 의례적인 내용이 반복하여 들어가는 경우가 적잖은데 좀 더 치밀하고 세밀한 조사와 분석으로 더욱 실질적인 내용을 담아야 한다는 것이다.

그런데 정작 더 큰 문제는 경제 발전이나 과학기술 발전의 중장기 전략과 계획을 아무리 잘 세우더라도 정권에 따라 연속성이 크게 흔들린다는 것이다. 어떤 계획은 장기적 실행이 요구되고 매우 긴요한데도 불구하고 정권의 입맛에 맞지 않는다는 이유만으로 폐기되기도 하고, 예산이 대폭으로 깎여 허울만 남게 되기도 한다.

그러므로 **과학기술 발전의 중장기 전략과 계획을 수립하고 지원하는 조직은 사업의 일관성과 연속성을 확보하기 위해서라**

도 정치 권력으로부터 독립성이 보장된 상시체제로 운영할 필요가 있다. 그런 체제를 구축하여 운영하면 더할 나위 없겠지만, 현 체제에서도 어려우나마 운영의 효율을 살려 미래를 준비할 길은 있다.

무엇보다 외부 환경의 변화를 장기적인 안목으로 지속하여 점검해야 한다. 5년 주기의 중단기 전략에서도 정책적·기술적 환경을 점검하지만, 20년 이상 장기적 관점의 환경 분석은 상시 미래 대응 체제를 통해 연속성을 가지고 수행되어야 한다.

그리고 과학기술 미래전략 관련 사업 방향과 성과를 지속하여 평가하면서 수정해나가야 한다. 시간이 지나면서 필요 없게 된 것은 삭제하고, 새롭게 필요성이 생긴 것은 추가해야 한다. 또 방향성을 수시로 점검해야 엉뚱한 방향으로 가지 않게 된다. 이렇게 해야 미래를 실질적으로 준비해나갈 수 있다.

교육의 개혁과 기술의 융합

교육은 미래사회를 준비하는 모든 분야의 토대라고 할 수 있다. 그러나 교육이라고 해서 무조건 미래사회를 준비한다고 할 수는 없다. 교육의 방식과 내용이 미래사회를 준비하기에 적합해야 한다. 교육도 그렇지만 모든 분야에서 시의에 뒤떨어지거나 방향이 어긋나 이미 쓸모에 적합하지 않게 된 것을 적합하도록 바꾸는 것이 개혁이요 혁신이다. 역사에서 벌어진 경장이니 변법이니 신법이니 유신이니 하는 것이 다 개혁의 다른 말이다.

우리 사회 전반의 개혁에서 교육이 특히 중요한 것은 다른 분야의 개혁이 다 교육 개혁에서 비롯하기 때문이다. 개혁은 사람이 하는 것인데, 사람을 기르는 교육이 개혁적이지 못하면 사람의 정신이 개혁적일 수 없다. 그러면 자연히 다른 분야에서도 개혁이 나올 수 없게 된다.

"오늘날 교육은 무엇을 공부하는지 하는 지식의 주입보다 어떻게 공부하는지 하는 학습의 방법론이 더 중요하게 되었다. 이른바 자기 주도 학습 역량을 기르는 것이 교육의 핵심이 되었다. 흔히 물고기와 낚시론에 비유되는, 지속 가능한 교육을 말한다."

시대 변화가 빠를수록 개혁의 수요가 커져서 교육도 그만큼 더 중요하게 된다. 그러니 제4차 산업혁명에 들어선 우리 사회에 교육이 중요할 수밖에 없다. 급격한 기술변화에 대비하여 미래 세대에게 어떤 교육을 제세해야 할까?

제4차 산업혁명은 기술혁명이다. 이 기술혁명이 우리의 일상을 변화시키고 미래사회의 모습을 바꿔놓을 것이다. 그러므로 교육에 기술 교육을 융합해야 한다는 것은 지극히 당연한 상식이다.

제4차 산업혁명의 영향으로 기존의 많은 직업이 사라지고 새로운 직업이 생길 것으로 예측된다. 지금의 대학생들이 사회에 나오면 부모 세대가 종사했던 직업의 절반은 있었는지조차 모르게 될 정도로 직업의 세계는 소용돌이와 같은 변화를 겪을 것이다. 그런데 아직도 교육의 환경과 내용이 부모 세대의 직업에 초점이 맞춰져 있다면 우리의 자식 세대는 헛된 교육을 받는 셈이다. 교육 개혁이 필요한 이유다.

오늘날 교육은 무엇을 공부하는지 하는 지식의 주입보다 어떻게 공부하는지 하는 학습의 방법론이 더 중요하게 되었다. 이른바 자기 주도 학습 역량을 기르는 것이 교육의 핵심이 되었다. 흔히 물고기와 낚시론에 비유되는, 지속 가능한 교육을 말한다. 진정한 교육은 물고기를 잡아주는 것이 아니라 물고기

잡는 방법을 가르치는 것이다. 물고기를 주는 대신에 낚시를 가르치라는 말이다.

이것이 바로 지속 가능한 창의 교육이다. 기술 혁명의 시대에는 교육에 기술 교육을 융합시키는 것이야말로 낚시를 가르치는 교육이다.

그런데 우리의 교육 현실은 어떤가?

'교육은 백년대계'란 말은 진작에 무색하게 되었다. 학생이든 학부모든 심지어는 가르치는 교사까지도 갈피를 잡을 수 없도록 갈팡질팡 조변석개하는 당국의 교육 정책 때문에 우리 교육은 백년대계는 고사하고 백년대란에 빠지게 생겼다.

장기적 비전과 정책 기조 없이 근시안적 사고로 임시방편의 단기 처방에만 급급한 탓이다. 그런 가운데 우리 교육은 학령인구 감소, 공교육의 붕괴와 같은 악화한 환경에서 기술 혁명에 따른 전면적인 개혁 요구에 직면해 있다.

학령인구 감소로 인해 고도 성장과 지속적인 인구 증가에 기초한 기존 교육 시스템의 전면 개편이 요구된다. 게다가 비약적인 기술 혁신이 부른 뉴노멀의 시대는 교육의 방식과 내용은 물론 학교와 교사의 역할까지 변화할 것을 요구한다. 교육의 세 판을 짜야 한다는 시대적 요청이 거세다. 우리 정치권과 정부 당국은 더 늦지 않도록 이에 신속히 응답해야 할 것이다.

다만, 교육에 기술 교육을 융합해야 한다는 당위론에만 매몰되다 보면 우리는 더 중요한 것을 놓칠 수 있다는 사실을 잊지 않아야 한다. 그러잖아도 기계 세상이 되어가는 마당에 인간마저 기계화되어, 스스로 지은 삭막한 세상에 갇힐 수는 없는 노릇 아닌가.

인공지능 기술이 인간의 일상으로 편입되면서 우리는 인간의 정체성이나 존재의 의미에 대해 회의할 수밖에 없는 포스트휴먼 시대에 살게 되었다. **인간이 의식의 주체로서 미래의 불확실성에 능동적으로 대처하고 더 나은 인간 사회로 나아가려면 기능적 지향을 넘어 정서적 지향을 담보하는 전인교육이 더욱 절실하다.**

그러니 기술 교육도 중요하지만, 반드시 인성교육이 짝을 이뤄 융합되어야 기술 교육도 본래의 가치를 발휘하게 될 것이다.

02

지속 가능한 경제 발전 전략

마르크스는 '자본주의 사회가 내적 모순으로 붕괴하면 이후에는 경제적 평등이 달성되는 공산주의 사회가 올 것'이라고 예언했다. 여기서 내적 모순이란 주로 자본주의가 초래하는 극단의 불평등에 기인한다. 그러나 자본주의가 지속 불가능할 것이라는 마르크스의 예언은 빗나갔다. 자본주의는 사회주의 요소를 가미함으로써 내적 모순이 폭발하기 전에 '수정 자본주의'의 옷으로 갈아입고 변신하여 더욱 눈부시게 살아남았다. 오늘날 사회보장제도를 완성한 북유럽의 복지국가 모델이 바로 그것이다.

예나 지금이나 지속적인 사회 발전과 경제 성장을 가로막는 핵심 요인은 불평등이다. 그 불평등이 심화하여 양극화가 확대되는 우리 사회 현실만 봐도 알 수 있는 일이다. 그러므로 불평등을 해소하기 위한 정부의 재분배 기능은 그 자체가 초래하는 효율성 상실보다 더 큰 사회적 편익을 창출하고, 지속 가능한 경제 성장의 동력이 된다. 국가 구성원 산의 격차를 줄이는 적극적인 재분배 정책이 '포용적 국가시스템'의 핵심이다. 불평등의 심화에 따른 양극화, 높은 부패지수와 낮은 사회적 신뢰 등은 포용적 국가시스템이 크게 부족한 우리 사회의 현실을 말해준다. 이를 확충하려면 복지와 사회 안전망 강화, 정부의 재분배 기능 강화, 공정한 시장 질서 확립이 긴급하다.

이런 노력이야말로 지속 가능한 경제 발전을 이루는 데 가장 좋은 전략이다.

대한민국의 경제 현황

잘나가던 대한민국 경제가 지난해부터 잔뜩 풀이 죽어가고 있다. 코로나 사태야 온 세계가 겪는 일이니 별 핑계가 안 된다. 지난해 GDP(국내총생산)가 세계 금융위기 이후 가장 큰 폭으로 줄면서 11위의 경제 규모가 13위로 떨어졌다. 원자재 수입 의존도가 높은 데다가 지역으로는 중국을 비롯한 몇몇 국가, 종목으로는 반도체, 자동차, 조선을 비롯한 몇몇 업종 등으로 수출 쏠림이 심한 경제 구조의 취약성이 드러났다.

WB(세계은행)는 해마다 세계 각국의 GDP를 조사한 자료를 공개한다. 이에 따르면, 지난해 한국의 명목 GDP는 1조 6,652억 달러로 그전 해보다 8%나 줄었다. 금융위기로 주저앉은 2009년(-9.9%) 이후 가장 큰 폭으로 감소한 것이다. OECD 37개국 가운데는 일본과 스웨덴만 한국보다 감소 폭이 더 컸다. 일본은 통화 완화 정책 여파로 엔-달러 환율이 19.8%나 급등하는 바람에 달러로 표시되는 GDP가 크게 줄어든 것이지 생산력이 그만큼 감소한 것은 아니다. 한국의 경제 규모는 2020년에 세계 10위까지 올랐지만, 지난해 13위까지 내려앉아 2013년 수준으로 돌아갔다. 수출과 내수가 모두 부진한 탓이다.

구체적으로는 최대 수출시장인 중국 수출 부진이 1년 넘게 계속되는 가운데 주력 수출상품인 반도체 수출의 하락이 이어져 침체 국면이 길어지고 있다. 수출증가율은 지난 2022년 10월 이후 11개월 연속 감소하고 있다.

일자리를 보면 제조·건설업을 중심으로 청·장년층의 일자리는 계속 줄어드는 데 비해 서비스업을 중심으로 노년층의 일자리는 늘어나면서 산업·연령층 간 양극화 현상이 확대되고 있다. 대체로 정규직의 좋은 일자리가 줄어들고, 기존의 일자리마저 비정규 단기 계약직으로 대체되는 가운데 소비자물가

상승률이 좀처럼 진정될 기미를 보이지 않고 있어 대다수 국민의 삶이 더욱 팍팍해지고 있다.

지속 가능한 경제 발전의 중요성

"인구가 급증하면서 환경 파괴가 계속되면 자원의 고갈로 100년 안에 인류의 성장이 한계에 도달할 것이다."

1972년, 로마클럽이 미래 보고서 〈성장의 한계〉를 통해 내놓은 예측이다. 로마클럽은 인간이 삶을 영위하는 과정에서 자연에 미치는 부정적 영향을 수치화한 생태 발자국이 지구 수용 한계를 넘어서지 않도록 해야 한다고 주장한다. 이를 위해 지구의 미래를 생각하는 근본적인 사회 변혁을 이뤄야 한다는 것이다.

로마클럽은 세계의 심각한 문제를 연구하고 지속 가능한 해법을 제안하기 위해 세계적인 경제학자, 과학자, 기업인을 비롯하여 뜻을 같이하는 사람들이 의기투합하여 1970년에 만든 비영리·비정부 연구 단체다.

지속 가능한 발전으로 가는 길은 이제 선택이 아니라 의무다.

기후 변화 대응 노력에 발맞추지 않으면 기업 경영도 불가능하게 되었다. 따라서 기업은 온 힘을 다해 지속 가능한 발전의 길을 찾아간다. 개개인도 지속 가능한 삶을 지키기 위해 저마다 나름의 역할을 다하고자 노력한다. 정부는 이런 노력을 전폭적으로 지원하는 한편으로 관련 학계와 기업 등이 참여하는 새로운 통합 미래 변화 대응 전략 체계를 수립할 필요가 있다.

한국은 지난 2022년 7월에 〈지속가능발전 기본법〉을 제정 반포함으로써 지속 가능한 발전을 위한 법적 토대를 마련했다. 또 정부 차원의 K-SDGs(국가 지속가능 발전 목표)를 세우고 지속 가능한 발전의 실천 방안을 고민하고 있다.

K-SDGs에는 모두가 사람답게 살 수 있는 포용 사회 구현, 모든 세대가 누리는 깨끗한 환경 보전, 삶의 질을 향상하는 경제 성장, 인권 보호와 남북 평화 구축, 지구촌 협력 등 5대 전략이 담겼으며, 이를 실천하기 위한 17개 목표와 119개 세부 목표가 설정되었다. 다만, 정부의 사업은 정권 교체와 무관하게 연속성을 확보해야 제 역할 수행으로 소기의 목적을 달성할 수 있을 것이다.

지속 가능한 발전은 1992년에 브라질의 리우데자네이루에서 열린 UNCED(유엔 환경개발회의)에서 채택된 21세기 지구 환경 보선을 위한 기본 원칙이다. 오늘날 환경 보전과 경제 성장은 우리가 살아가는 데 동시에 이루어야 할 목표다. 이 두 가지는 상충하는 부분 때문에 늘 논란이 되어 왔지만, 이제는 환경 보전 노력이 새로운 비즈니스 기회이자 지속 가능한 기업 활동을 위한 의무사항이 되어서 좋은 짝이 되었다.

지속 가능한 발전은 환경에만 한정되지 않고 경제·사회 등 모든 분야의 과업이 되었다. 지속 가능한 기업 성장은 RE100과 더욱 긴밀하게 연관되어 가고 있다. 그런데 우리 정부는 정작 긴요한 RE100은 제쳐두고 엉뚱하게 'CF100'을 추진하겠다고 나서서 의아심을 샀다. 정부의 해명을 듣자니 '원자력 에너지' 때문으로 보인다. 정부가 원자력 에너지 확충 정책을 들고나온 참인데, 재생에너지 목록에 원자력 에너지를 RE100은 포함하지 않고 CF100은 포함한다.

CF100은 '탄소 프리 100%'라는 뜻이다. CF100은 쿠폰 대체 없는 24시간·주7일, 즉 연중무휴 실제 사용이 핵심이다. RE100은 재생에너지로 24시간·주7일을 못 채운 부분을 재생에너지공급인증서라는 쿠폰을 사서 대체할 수 있다. 그러니 실상은 CF100이 RE100보다 더 엄격한 기준인 셈이다.

우리나라 주요 기업들은 10개사 기준으로 8~9개사가 CF100에 참여할 의향이 없다고 했고, 아예 CF100이 뭔지도 모른다는 기업이 6~7개사나 되었다. 전문가들이 이구동성으로 한국의 에너지 구조에서는 CF100 적용 자체가 불가능하다고 비판했다. 그러자 정부는 오류를 인정하고 바로잡는 대신 기상천외한 해법을 내놓았다. UN이나 구글이 추진하는, 세계적 기준으로 통용되는 CF100이 아니라 RE100 쿠폰도 인정하고 재생에너지 자원으로 원전도 추가하는 '한국형 CF100'을 만들어 국제표준으로 삼겠다는 것이다. 앞으로 어떻게 결론이 날지 우려되는 부분이다.

녹색 경제와 환경 친화 전략

기후 변화에 따른 위기는 날씨만의 문제가 아니다. 당연히 먹고사는 문제에 직결되어 있다. 우리나라의 곡물 자급률은 20%에 불과해 80%의 식량 안보 리스크를 안고 있다. 주요 쌀 수출국인 인도의 쌀 생산량이 가뭄과 폭우로 감소하자 인도 정부는 먼저 수출부터 금지하고 나섰다.

호주 역시 곡물 수출을 제한할 태세다. 또 전쟁에 따른 식량 안보 위기도 빈발한다. 오늘날에는 전쟁 역시 기후 변화에 따른 물 부족 문제가 자주 원인이 된다.

지구 환경의 위기는 식량 문제에 그치지 않는다. 산업계도 기후위기로 인한 영향이 점점 더 커지고 있다. 탄소 규제 강화 국면을 맞아 한국만 해도 당장 수출에 적신호가 켜진 상태다. 현재 30개국에서 탄소 중립과 관련하여 200여 건의 수입 규제 조치를 시행했으며, 유럽연합의 탄소국경조정제도 시행이 본격화되면서 탄소 배출량이 많은 우리 산업 전반에 심각한 기류가 감지된다.

지나치게 화석연료에 의존해온 경제 구조의 변화 타이밍을 놓친 결과다. 말로는 진작부터 녹색 경제를 외쳐왔지만, 실행으로 옮기는 일에는 태만했다. 정부부터가 위기의식을 느끼지 못한 탓이다. 강제 수단의 입법에 소홀한 국회도 책임을 면할 수 없다.

"녹색 경제를 실현하려면 경제가 효율적일 뿐만 아니라 공정해야 한다. 공정성은 특히 저탄소 경제로의 정당한 전환을 보장하는 데 있어 글로벌 및 국가 수준의 형평성 차원을 인식하는 것을 의미한다. 자원으로는 효율적이고 사회로는 포용적이다."

UNEP(유엔환경계획)이 2011년에 발표한 녹색경제 보고서의 한 대목이다. 말이 좀 난해한데 쉽게 정리하면, 녹색경제는 환경과 생태 훼손의 위험성과 사회적 불평등의 격차를 줄이면서 지속 가능한 발전을 추구하는 경제를 말한다. 녹색경제가 기존의 체제와 다른 특징은 자연자본 보호의 경제적 가치를 높게 평가하고 이를 통해 지속 가능한 경제의 선순환 구조를 구축한다는 점이다.

　무슨 일이든 다 그렇겠지만 **특히 녹색경제는 거창한 구호보다는 일상에서의 구체적인 실천이 중요하다. 그것만이 녹색경제의 실상을 채울 수 있기 때문이다.** 가령, 녹색 스티커와 에코라벨 같은 녹색경제 실천 인증도 환경 친화성과 지속 가능한 개발을 나타내는 중요한 소비자 대면 지표로 떠올랐다.

　많은 산업이 세계화 경제에서 녹색 관행을 촉진하는 방법으로 이러한 표준을 채택하기 시작했다. 이런 지속가능성 기준은 경제 부문에 중점을 두고 수자원 및 생물 다양성 보호 또는 온실가스 배출 감소와 같은 환경 요인에 집중한다. 게다가 사회적 약자를 보호하고 노동자의 권리를 지원한다.

　녹색경제가 추구하는 비전과 목표를 간략하게 살펴보았다.

그런데 이 비전과 목표를 이루려면 반드시 탄소에너지에서 녹색에너지로의 전환이 수반되어야 한다. 이미 전 세계적으로 상당히 진전된 에너지 전환에 따라 녹색에너지 수요가 급증하는 추세다.

이에 녹색에너지 기술 역량을 강화하고 이를 상용화할 산업 기반과 생활 기반을 확충하는 일이 시급하다. 그러나 우리 현실은 그다지 긍정적이지 못하다. 그동안 저탄소 녹색성장에 관한 정책적 논의가 활발하게 이루어져 왔음에도 불구하고 구체적인 실행 계획 없이 선언에 머무른 나머지 실질적인 진전을 이루지 못한 것이다.

녹색경제의 핵심은 그동안 인간이 자연의 탄소저장소인 화석연료를 꺼내쓰면서 과도하게 배출한 온실가스로 망가지는 자연환경의 훼손을 녹색에너지로의 전환을 통해 멈추고 궁극적으로는 복원해가면서도 성장시키는 경제를 말한다. 이를 캠페인으로 요약한다면, "자연의 것은 다시 자연으로!"

"모든 에너지는 잠시 빌린 것이야. 언젠가는 돌려줘야 해."

지난해 말 개봉되어 우리나라를 비롯하여 세계시장을 뒤덮은 영화 〈아바타: 물의 길〉에서 주인공 네이티리가 전하는 성찰이다. 그 "언젠가는" 바로 지금이다. 아니, 이미 늦었는지도 모른다. 확실한 것은 바로 지금도 결코 빠르지 않다는 것이다.

이 영화는 에너지 고갈 문제를 해결하기 위해 새로운 행성을 찾아다니는 인간과 그 행성의 토착민인 나비족 사이의 대립을 그린다. 인간은 지구 환경을 지배하고 파괴하는 것으로도 모자라 또 다른 행성의 파괴를 획책하는 존재로 묘사되는 데 비해, 나비족은 지구 환경과 교감하며 후손의 미래를 생각하는 존재로 묘사되는 영화로, 기존의 전형적인 선악 구도를 뒤집어 인간의 성찰을 촉구한다. 생태계의 균형에 귀 기울여 반응하고 자연 존재의 일부로 생존하는 나비족의 메시지를, 녹색 경제 달성에 생존이 걸린 오늘날 우리 인류는 귀를 열고 가슴에 새겨야 할 것이다.

2009년, 세계적인 컨설팅 기업 IBM이 200여 명의 글로벌 최고경영자들을 대상으로 인터뷰한 바에 따르면 3분의 2가 지속가능성을 미래의 성장 동력으로 보았으며, 그중 절반은 친환경 경영이 차별적 경쟁 우위가 될 것으로 예측했다.

그로부터 14년이 지난 오늘날 친환경 경영은 실제로 차별적 경쟁 우위가 되었을뿐더러 더 나아가 게임체인저로서 역할을 하게 되었다. 해마다 소비자들이 접할 수 있는 친환경 제품의 규모는 빠른 속도로 +순히 증가했으며, 기업들의 탄소중립 대응 의무 이행에 따라 친환경 제품은 차원을 달리하면서 더욱 확대될 것으로 예측된다.

친환경 전략은 정부, 기업, NGO, 시민사회 구분할 것 없이 하나로 긴밀하게 연결되어 추진되어야 실효를 거둘 수 있고, 지구 환경 시계에 늦지 않게 속도를 낼 수 있다. 그러려면 교육과 훈련 그리고 연대와 협력을 통해 환경 역량, 즉 에코 지능 (ecological intelligence)을 길러야 한다. 에코 지능은 감성 지능 (emotional quotient)을 창안한 심리학자 대니얼 골만이 창안한 개념이다.

에코 지능은 인간과 자연의 상호 영향을 이해하는 인식 능력, 즉 자신의 소비와 생산 활동이 지구 환경에 미칠 영향 전반을 파악하고 공감하는 통찰력을 말한다. 기업에서의 에코 지능 개념은 좀 더 확장된다. 생산 과정에서 환경에 직접 미치는 영향뿐 아니라 좀 더 넓은 맥락에서 자사의 경영 활동이 환경에 간접적으로 미치는 영향까지 고려할 줄 아는 역량이다.

정부든 기업이든 개인이든 에코 지능의 차이는 환경 문제에 대응하는 전략의 차이를 만든다. 포드자동차가 미국 내 공장을 환경친화적으로 설계 변경하여 생산 과정에서의 환경 오염을 최소화한 것은 에코 지능이 작동한 결과다. 비슷한 시기에 도요타자동차의 에코 지능은 거기서 한 차원 더 높아져 아예 최종 생산품인 자동차의 에너지를 전환하는 데까지 나아갔다. 경쟁사들보다 더 일찍 하이브리드 기술 개발에 나섬으로써 하이브리드 자동차의 대명사가 된 것이다. 에코 지능의 차이가 전략의 차이를 낳은 대표적인 사례다.

에코 지수는 제조업뿐 아니라 산업 전반에 요구되는 핵심 미래 역량이다. 월마트, 테스코 같은 세계적인 유통 기업들도 에코 지수를 발휘하여 지속 가능한 경영 강화에 나섰다. 월마트는 독립적인 연구기관과 협력하여 제품 수명주기 분석 데이터를 활용해 월마트 매장에서 판매하는 모든 제품을 평가하는 '지속가능성지수' 개발에 착수했다. 월마트에 물건을 납품하는 10만 개 이상의 업체들이 동일한 기준으로 환경 투명성과 영향성을 평가받게 한다는 계획이다. 테스코 역시 자사에서 판매하는 상품에 '탄소 발자국' 라벨을 부착하는 등 지속 가능한 경영에 나서고 있다. 탄소 발자국에는 상품을 생산하기까지 배출한 이산화탄소의 양이 표시된다.

　환경 친화 경영을 강화하고 제품의 환경 친화성을 높여가는 기업들의 태도 변화는 '친환경' 소비자 코드에 주목한 바에 기인한다. 소비자의 태도 변화가 기업들의 변화를 재촉한 셈이다. 정부의 인식과 태도 변화가 가장 뒤처진 탓에 한국은 경쟁 상대인 주요 선진국들의 추세에 가장 뒤떨어져, 환경 변수가 가져온 기회를 영영 놓쳐버리진 않을까 우려된다.

　유럽에서는 '지속 가능한 위키피디아' 개발 작업이 시작되었다. 오픈 소스 기반의 위키피디아에 환경 정보를 추가한 것이다. 이런 기술의 확산은 점차 많은 기업을 일깨울 것이고, 소비자에게는 친환경 소비를 판단하는 기준을 제공할 것이다.

　친환경 소비가 중요한 만큼 친환경 생산도 중요하다. 농산업에서 첨단기술을 적용한 스마트팜이 친환경·고부가가치 생산으로 주목받고 있다. 스마트팜은 기존의 농산업에 사물인터넷, 클라우드, 빅데이터, 모바일 및 인공지능 기술 등 첨단 정보통신기술을 융합한 혁신 농법으로, 생산·유통·소비에 이르는 농산업 전 과정에서 생산성·효율성·품질 향상을 통해 친환경 목표를 달성하면서도 고부가가치를 창출한다.

처음에 원예를 중심으로 발전한 스마트팜은 축산, 노지 농업, 유통까지 확대되었다. 스마트팜의 확대는 기후 변화 등으로 인한 식량난 및 농업 인구 감소와 연관이 깊다. 세계 인구는 증가하는데 도시화로 인해 농작물 재배 면적은 줄어드는 데다가 농업 인구가 더욱 고령화되고 있어 그 대안이 절실하게 필요해진 마당에 스마트팜이 등장한 것이다.

스마트팜은 갈수록 빠르게 진화를 거듭하고 있다. 제4차 산업혁명 기술이 산업 전반의 변화를 가져오고 있는 가운데 스마트팜도 그 중심이 되었다.

03

사회적 포용성 확대

다양성은 포용성의 기본 전제이자 바탕을 이루므로 다양성과 포용성은 하나의 맥락에서 설명된다. 다양성이 인정되고서야 비로소 그 바탕 위에 포용성이 자리를 넓힌다. 사회복지 개념에서 좀 더 세밀하게 구분해 말하자면, 다양성을 받아들이는 것은 그 사회의 일원으로 '인정'하는 것이고, 포용성은 거기서 한 걸음 더 나아가 그 사회가 누리는 모든 권리를 평등하게 '보장'하는 것이다. 그래서 포용성은 다양성을 전제한다고 한 것이다.

사회적 포용성은 모든 시민이 사회의 일원으로서 존중받고 공정한 기회를 누리는 것을 의미한다. 다양성을 인정하고 포용적인 사회를 이루기 위해서는 무엇보다 노동시장의 포용성을 확대하는 동시에 사회적 약자를 적극적으로 보호하고 지원하는 정책과 인식의 전환이 필요하다.

다양성 인정과 포용적 사회 구축

우리나라는 '빨리빨리' 사회라고 세계에 널리 알려졌다. 좀 과장된 면이 있지만, 전혀 아니라고 부인할 수도 없는 일이다. 이렇게 급한 사회에서는 무슨 일이든 논의가 다양해지고 길어지면 잘 못 참는다. 심지어는 논의의 마당을 넓혀야 할 정치와 언론이 앞장서서 그것을 혼란으로 규정하여 매도한다. 그러다 보니 첨예한 사안이 설익은 상태에서 섣불리 결정이 나고, 그 결정이 잘못된 결과를 부르게 마련이다.

조금 빨리 가려다가 결국 돈도 시간도 더 들게 되거나 아예 일을 그르치게 된다. 우리 일상에서도 거쳐야 할 과정과 논의를 줄이거나 생략하면 이런 사달이 벌어지는데 한 나라의 국정이야 더 말할 나위 없다.

국정은 꼭 거쳐야 할 절차나 과정을 생략하거나 눈가림용 요식 행위로 넘어가게 되면 탈이 나게 되어 있다. 물론 그렇게까지 하는 급한 사정도 있겠지만, 결국은 빨리 가려다 더 늦게 가게 될뿐더러 설익은 정책은 그 의도하는 성과를 거두기 어렵다.

"BTS는 개성, 인권, 평화, 환경과 같은 다양성과 포용성 이슈가 강한 노래를 불러 팬들을 더욱 열광시키고 사랑받았다. BTS가 세상에 던지는 메시지대로 재세계화 시대를 사는 인류에게, 특히 이제 막 본격적으로 다문화사회로 들어선 한국민에게 다양성과 포용성은 더 나은 미래사회 공동체를 이루는 열쇠라고 해도 과언이 아니다."

"돌아가는 길이 더 빠른 길"이라는 속담이 괜히 나온 게 아니다. 시간이 좀 더 걸리더라도 변화를 결정하는 과정에 모든 이해관계자를 포함하고 다양한 배경을 가진 이들의 의견을 듣는 것이 시행착오와 분열을 예방하는 길이다. 공동체의 미래를 결정하는 일에 다양성과 포용성은 생략해서는 안 되는 필수 과정이자 핵심 가치다.

오랫동안 단일 민족의 신화에 갇혀 살아온 우리 사회의 맹점은 다양성의 결핍이다. 다양성을 인정하고 포용하는 데 유난히 인색한 결과다. 그런 다양성과 포용성이 척박한 토양에서 혐오와 배제와 분열의 언어가 자라 난무한다. 여성 혐오, 장애 혐오, 약자 혐오, 피해자 혐오, 지방 혐오, 난민 혐오, 인종 혐오, 정치 혐오, 종교 혐오, 가난 혐오 등 온갖 혐오의 말로 대상을 함부로

찌르고 베는 일이 일상이 되었다.

더구나 세계는 다문화사회가 보편 사회형태로 빠르게 확장해가고 있다. 유럽과 북미는 이미 오래전부터 폭넓게 다문화사회를 구성하고 있고, 우리나라도 빠르게 다문화사회가 확대되고 있다. 다문화사회가 갈등을 최소화하고 하나의 공동체 사회로 융합하려면 다른 무엇보다 다양성과 포용성의 가치가 중요하다. 그러므로 사회구성원이 더욱 다원화할 미래사회에는 다양성과 포용성이 핵심 가치가 될 것이고, 또 그래야 할 것이다.

"선의와 악의도 다 매한가지 / 분노할 수 있다만 / 남의 삶에 피해가 있는 건 / I don't like / 그건 stop ayy / 누구의 행동에 누구는 아파해 / 누구의 언행에 누구는 암담해 / 누구의 찰나에 누구 순간이 돼 / 누구의 분노에 누구 목숨이 돼 / 썩을 뤠…."

BTS(방탄소년단)가 부른 〈UGH![욱]〉의 노랫말 중 한 대목이다. K-POP의 세계적 스타 BTS는 개성, 인권, 평화, 환경과 같은 다양성과 포용성 이슈가 강한 노래를 불러 팬들을 더욱 열광시키고 사랑받았다. BTS는 공식 트위터에 "우리는 인종 차별에 반대한다"는 글을 올리는 등 다양성과 포용성이 확대되는 세상을 위해 자신들이 가진 영향력을 거침없이 행사했다.

BTS가 세상에 던지는 메시지대로 재세계화 시대를 사는 인류에게, 특히 이제 막 본격적으로 다문화사회로 들어선 한국민에게 다양성과 포용성은 더 나은 미래사회 공동체를 이루는 열쇠라고 해도 과언이 아니다.

노동 시장의 포용성 확대

포용성은 주로 외부인의 유입에 대한 사회구성원의 인식이나 사회보장제도 적용 차원에서 논의되어온 개념이다. 쉽게 말해, 그 사회가 외부인을 받아들이는 데 얼마나 너그러운가 하는 것이다. 지역 공동체 형성과 공공정책 실행에서는 일찍이 중요한 가치로 작용해온 개념이다.

그런데 2019년판 WDR(세계개발보고서)은 다양성과 포용성이 기업 활동에도 얼마나 중요한지 설명하고 있다. 기업이 다양한 인력을 보유할수록 더 많은 이윤을 창출한다는 것이다. 맥킨지와 같은 다른 세계적인 조사기관들의 보고서도 WDR과 같은 결과를 전한다. 그렇다고 인력의 다양성 자체가 그런 결과를 낸다는 건 아니다. 기업이 조직 문화 차원에서 다양성을 수용하고 권장하면서 상호 협력을 북돋는 포용성을 적극적으로 실천한다는 전제에서 다양성이 가진 잠재력을 말한 것이다.

그렇다고 꼭 이윤 창출에 유리하므로 기업이 다양성을 추구해야 한다는 얘기는 아니다. 기업의 최고 목적은 이윤 창출에 있긴 하지만, 기업은 그저 영리만 추구하고 마는 조직일 수는 없다. 앞으로 갈수록 사회적 책임이 기업 활동의 많은 부분을 차지하게 될 것이다. 기업이 사회적 책임을 다하는 데는 기본적으로 다양성과 포용성이 필요하다.

〈포춘〉 선정 500대 기업 중 75%가 IT 기업이다. 인적 구성상 다국적기업의 면모가 강한 IT 기업은 다른 업종의 기업들보다 다양성과 포용성이 특히 더 요구된다. 구글은 지난 3년간 대표성이 부족한 집단의 간부직 비율을 꾸준히 늘려왔다. 내후년인 2025년이면 30%까지 늘리겠다는데, 쉽게 말해 흑인을 포함한 소수인종 임원 비율을 30%까지 올리겠다는 의미다. 구글은 동시에 전체 그룹 차원에서 소수인종 인권 증진 관련 사업에 막대한 지원을 아끼지 않는다.

또 '인종―정의 이니셔티브'에 거액을 투자해 소수인종의 기회를 확대하며, 그밖에도 다양한 포용성 정책을 펼쳐 기업 구성과 활동의 다양성을 확대하고 있다. 심지어 백인 우월주의 관련 제품을 판매하는 사이트를 대상으로 전자결제 서비스인 애플페이 사용을 차단하기까지 했다.

국내의 대표적인 IT 기업인 카카오는 카페, 블로그, 브런치, 댓글 같은 커뮤니티 서비스를 이용할 때 차별과 편견 그리고 각종 혐오를 조장하거나 폭력을 선동하는 행위를 금지했다.

세계 노동시장의 변화 추세는 OECD가 주기적으로 연구·조사하여 발표해온 〈신고용 전략〉(이하 〈전략〉)을 보면 그 대강을 가늠할 수 있다. 2006년의 〈전략〉을 보면 경제 활동 참여도를 높이고 일자리의 질을 개선하는 데 초점을 둔 데 비해 2018년의 〈전략〉은 노동시장의 포용성을 새롭게 강조했다. 노동자와 기업이 기술 발전과 산업 환경 변화에 적응하고 신기술을 활용하도록 지원하고, 그에 따른 수익 증대의 혜택을 고루 누리도록 노동시장의 포용성을 확대한다는 것이다.

새로운 〈전략〉은 양질의 일자리 창출 확대를 위한 환경 촉진, 노동시장에서의 배제와 위험으로부터 노동자 보호, 급변하는 노동시장에서 미래의 기회와 문제에 대한 대비라는 3가지 전략을 핵심 정책으로 권고한다. 〈전략〉은 여기에서 한 걸음 더 나아가 포용적인 노동시장 구축을 지원하도록 권고하는데, 이는 미래 변화에 대한 대처를 고려한 것이다.

〈전략〉을 한국의 노동시장에 적용하면 먼저 일자리의 질을 높이기 위해 노동시장의 이중 구조를 완화하고, 비정규직 비중을 축소하며, 삶의 균형을 위해 실질적인 노동시간 단축과 노동환경 개선이 요구된다.

다음으로는 노동시장의 포용성을 높이는 정책이 요구된다. 가령, 취업 취약 계층(청년, 여성, 장애인 등)에 특화된 고용 정책을 시행하고 사회보험의 적용을 확대하는 것이다. 또 하나는 사회보호체계 확대·개선 정책이 요구된다. 가령, 디지털경제 확대에 따라 증가하는 새로운 고용 관계, 독립계약자, 자영업자 등을 보호하기 위해 사회보장제도를 개편하는 한편, 직무 역량 교육훈련 지원을 확대하는 것이다.

앞에서 우리 노동 시장의 이중 구조 문제를 거론했는데, 핵심은 대기업─중소기업 간, 남녀 간, 학력 간, 직종 간 임금 격차다.

사실 대기업과 중소기업 간 임금 격차는 가장 크게는 생산성 차이에 기인한다. 이 차이는 가장 크게는 원청의 대기업과 하청의 중소기업 사이의 불공정 거래 관행에서 비롯한 것이므로 중소기업이 시장에서 공정하게 경쟁력을 키울 방안을 세워 실행하는 것이 노동시장의 포용성을 높이는 기본 전략이자 핵심 전략이다. 이 기본 전략이 성공해야 비로소 포용성을 높이는 다른 전략들도 성공할 수 있을 것이다.

사회적 약자 보호와 지원 방안

'사회적 약자' 는 기준이 모호해서 명확하게 규정되지 않는 개념이다. 또 '사회적 소수자' 와도 혼동된다. 그러나 사회적 통념을 적용하면 대체로 그 개념을 잡을 수 있다. 사회적 약자는 그 지위가 언제든 바뀔 수 있는 것으로, 사회적 통념이 정하는 기준을 충족하면 '약자' 의 꼬리표가 떨어진다. 가령, 거처가 없어 거리를 떠돌거나 끼니를 걱정할 만큼 가난한 사람은 사회적 약자지만 번듯한 집이 생기거나 먹고 살 만큼 형편이 나아지면 더는 사회적 약자가 아니다.

이에 비하면 사회적 소수자는 그 꼬리표가 항구적이라는 점이 다르다. 인종, 출신 지역, 신체 특징, 젠더 등 자신의 노력으로 어찌할 수 없는 꼬리표 때문에 사회의 온전한 체제 변방이나 바깥으로 밀려나 있는 사람을 말한다. 사회적 소수자는 극히 일부의 예외를 제외하고는 대개 사회적 약자에 속한다.

오늘날 사회적 소수자의 개념까지 일부 흡수한 사회적 약자의 개념은 좀 더 포괄적이다. 단지 '경제적으로 어려움을 겪는 사람'만이 아니라 '사회적으로 배제될 위험성이 높은 사람'도 사회적 약자로 규정한다.

가령, 여성은 신체 능력에서 남성보다 약자인 데다가 사회적으로 오랫동안 소수자였다. 고대 그리스의 시민 사회에서 여성은 노예와 마찬가지로 시민 자격이 없었다. 우리나라의 경우 조선 중기에 이르러 여성은 딸이라는 이유로 제사와 상속에서 배제되었다. 구미 대부분의 선진국에서도 여성은 제2차 세계 대전 전까지 투표권이 없었다. 심지어 스위스에서는 1970년대에야 여성이 투표권을 얻었다. 미국에서 흑인이 '제도적으로' 소수자의 굴레를 벗은 것도 얼마 전이지만, '사회적으로'는 여전히 소수자에 머물러 있다.

"모든 국민은 인간으로서의 존엄과 가치를 가지며, 행복을 추구할 권리를 가진다. 국가는 개인이 가지는 불가침의 기본적 인권을 확인하고 이를 보장할 의무를 진다."

대한민국 헌법 제10조의 명시다. 헌법 제34조는 행복을 추구할 권리를 구체적으로 뒷받침한다.

"모든 국민은 인간다운 생활을 할 권리를 가진다. 국가는 사회보장·사회복지의 증진에 노력할 의무를 진다."

이어서 사회적 약자와 소수자에 대한 보호를 명시한다.

"첫째, 국가는 여자의 복지와 권익의 향상을 위하여 노력하여야 한다.

둘째, 노인과 청소년의 복지 향상을 위한 정책을 실행할 의무를 진다.

셋째, 신체장애 및 질병·노령 기타의 사유로 생활능력이 없는 국민은 법률이 정하는 바에 의하여 국가의 보호를 받는다."

대한민국은 헌법상으로 보면 사회적 약자와 소수자의 권리를 보호하고 기본적인 삶을 보장하는 거의 완벽한 복지국가 체제를 갖췄다. 다만, 정부 정책이 제대로 뒷받침하지 못하고 사회 인식이 그에 못 미친 것이다.

이런 헌법을 진작에 갖추고도 현실적 이유를 들어 국민의 많은 권리가 유예되고 보호장치가 망가진 채로 방치되었다. 헌법을 수호해야 할 국가가 국민을 반헌법적으로 대하고 심지어는 폭력으로 억압해온 것이다. 그런 주술을 풀고 절차적 민주주의를 회복한 것이 불과 36년 전이다.

일제의 식민지 침탈로 황폐화한 우리나라는 한국전쟁 전후로 국제 사회의 원조를 받아 겨우 연명하는 신세였지만, 산업화로 들어선 지 50여 년 만에 개발도상국의 꼬리표를 뗐다. 2021년, UNCTAD(유엔무역개발회의)가 한국의 지위를 개발도상국에서 선진국으로 변경한 것이다. 실제로 주요 경제 지표상 한국은 선진국 수준에 올라섰다. 구매력 평가 기준 1인당 국내 총생산은 이탈리아와 일본을 앞질렀다. 게다가 K-팝의 세계적 유행을 비롯한 한류가 K-문화의 저력을 세계에 떨치고 있다.

"나라는 점점 부유해지는데 사회적 약자가 구제되지 못하고, 사회적 소수자에 대한 조롱과 공격이 멈추지 않는 것은 우리 사회의 어둡고도 부끄러운 단면이다. 경제 규모만 선진국이지 복지 수준이나 사회 인식은 아직 후진국이라는 말이 그래서 나오는 것이다."

그러나 이는 겉으로 드러난 화려한 면면일 뿐 우리의 속내를 들여다보면 다양성과 포용성 면에서 아직 갈 길이 멀다. 사회적 약자가 보호받지 못하는 복지의 사각지대는 곳곳에 있고, 장애인 학교나 복지원 같은 사회복지시설은 설립부지와 예산을 확보해놓고도 혐오시설로 기피 대상이 된 채 주민들의 반대로 표류하는 일이 빈번하다. 반대의 이유로 다양한 명분을 들지만, 실제로는 집값 하락 걱정이 가장 큰 이유라는 분석도 있어 씁쓸하다. 특정 종교 시설이 배척당하는 것도 혐오에 기반을 둔 기득권 종교의 배타성에 기인한 측면이 크다.

나라는 점점 부유해지는데 사회적 약자가 구제되지 못하고, 사회적 소수자에 대한 조롱과 공격이 멈추지 않는 것은 우리 사회의 어둡고도 부끄러운 단면이다. 경제 규모만 선진국이지 복지 수준이나 사회 인식은 아직 후진국이라는 말이 그래서 나오는 것이다. OECD 발표 자료에 따르면 우리나라의 상대적 빈곤율(중위소득 50% 이하 소득 인구의 비율)은 16.7%로 여전히 OECD 평균의 1.5배에 이른다. OECD 국가 중 거의 꼴찌다. 그나마 노년으로 대상을 좁히면 더욱 심각하다. 65세 이상 노인의 상대적 빈곤율은 OECD 평균의 무려 3배에 달하는 43.4%로, 단연 꼴찌다. 노인 중에도 여성의 상황은 더 열악해서 빈곤율이 50%가 넘는다. 그뿐 아니다. 장애인의 상대적 빈곤율은 42.2%로 비장애인보다 2.6배나 높지만, 전체 장애인 복지 예산 비율은 0.5% 안팎으로 OECD 평균의 3분의 1에 불과하다.

오늘날 우리의 상황은 여성가족부 폐지 운운하기에 앞서 오히려 여성가족부의 역할을 확대하여 헌법 제34조를 실현하는 데 정책의 우선 순위를 두어야 할 것이다.

헌법에서 명시한 대로 "여자의 복지와 권익의 향상을 위하여 노력하고, 노인과 청소년의 복지 향상을 위한 정책을 실행하며, 이동권 투쟁에 나선 장애인을 처벌하기보다는 신체장애 및 질병ㆍ노령 기타의 사유로 생활능력이 없는 국민을 보호하는 데 앞장서고, 재해를 예방하며 그 위험으로부터 국민을 보호하기 위하여 진정으로 노력하는 정부의 모습을 보여야 한다"는 것이다.

04

국제 협력과 대외 정책

지구 환경 위기를 비롯한 여러 중대한 도전에 공동 대응해야 하는 국제사회는 그 어느 때보다 더욱 긴밀한 협력이 요구된다. 그에 따라 다자간 협력 체계가 강화되고 있는 가운데, 공동의 목표를 달성하기 위한 방향으로 각국의 대외 정책에 대한 전환이 요구된다.

이런 요구에 따라 대한민국도 적극적으로 지역 간 협력과 국제 협력에 나서 글로벌 문제 해결에 공헌해야 할 것이며, 글로벌 리더십 역량을 길러 더 나은 세계를 여는 선도국가가 되어야 할 것이다.

대한민국의 대외 정책 현황

대외 정책, 즉 외교에서 가장 중요한 가치는 국익을 고려한 균형이다. 균형을 상실한 일방적인 쏠림 외교는 위기에 처했을 때 다른 방책을 모색할 또 하나의 길을 스스로 폐쇄하는 자충수가 되기 쉽다.

우크라이나 전쟁이 장기화하는 가운데 미국과 중국의 패권 전략 경쟁으로 진영 갈등이 더욱 뚜렷해지는 시국에서 한반도를 둘러싼 4대 강국의 절반인 중국·러시아와 전략적 소통을 고민해야 할 정부가 미국과 일본에 지나치게 편향되는 것은 자칫 지정학적 위기를 더 키울 위험이 따른다.

외교와 안보에서 편향이 지나친 나머지 어느 한 국가에 대한 의존도가 높아질수록 그 국가에 대한 협상력이 떨어진다. 결국, 어떤 무리한 요구를 해와도 반대하기 어려운 구조를 자초하는 것이다.

"무엇보다 전쟁을 예방하고 한반도 비핵화의 실현을 통해 평화 체제를 굳건히 하는 것이 우리 외교 안보 정책의 제일 목표라는 데에는 흔들림이 없어야 한다. 이를 위해 미국과의 동맹을 굳건히 하면서 중국과의 전략적 협력 동반자 관계를 유지하는 균형도 포기해서는 안 될 것이다."

오늘날 한반도를 둘러싼 동북아에서는 이른바 '신냉전' 기류가 고조되는 듯한 분위기다. 사실상 한·미·일 3국 동맹이 가시화하는 반대편에서 북·중·러 3국의 유대가 더욱 긴밀해지고 있으니 나온 말이다.

하지만 북·중·러 3국 유대 관계와 한·미·일의 유대 관계는 구조적으로 다른 면이 있어 단순 비교할 수 없다. 변수는 남한과 북한의 입장이 크게 다르다는 것이다. 북한은 미·일과 거의 완전한 단절 상태에 놓여 있지만, 남한은 중·러와 수교국일 뿐더러 대중 무역 규모는 미국과 맞먹고, 대러 무역 규모는 200억 달러가 넘는 주요 무역국에 속한다.

또 한·미·일이 미국 주도로 묶이는 데 비해 북·중·러는 따로 주도국이 없는 것도 큰 차이다. 게다가 미국과 중국은 이미 상호가 최대의 교역국이고, 일본 역시 경제적으로 중·러와 긴밀하게 얽혀 있다.

그러므로 예전의 미·소가 대립한 것과 같은 냉전 구도로는 이미 돌아갈 수 없는 국제질서 구조여서 '신냉전' 이라는 말은 무색하다. 그러므로 우리 정부도 철 지난 이념에 매몰될 게 아니라 이런 현실을 깊게 고려하여 대북 관계나 주변 4대 강국 관계에서 절묘한 균형점을 찾아 국익 최우선의 외교를 펼쳐야 할 것이다.

무엇보다 전쟁을 예방하고 한반도 비핵화의 실현을 통해 평화 체제를 굳건히 하는 것이 우리 외교 안보 정책의 제일 목표라는 데에는 흔들림이 없어야 한다. 이를 위해 미국과의 동맹을 굳건히 하면서 중국과의 전략적 협력 동반자 관계를 유지하는 균형도 포기해서는 안 될 것이다.

외교 정책이 국익에 기초해야 한다는 것은 상식이다. 그러나 오늘날 우리의 외교 현실을 보면 그런 상식은 실종되고 시대착오적 진영 논리를 소환한 '이념 놀이'에 빠져 국익을 망치고 있다. 비상시에 빠져나갈 옆길 하나 없는 '외통수 외교'는 하루빨리 멈추고 전열을 재정비하는 것만이 우리가 살 수 있는 길이다.

국제 협력의 방향과 전략

한국은 선진국의 반열에 들기까지 수혜 대상인 개발도상국으로서 산업화 과정에서 국제 사회의 많은 협력을 받았다. 국제 원조 수혜국에서 공여국의 처지로 바뀐 이제는 그 위상에 걸맞는 국제 협력의 방향과 전략을 수립하여 실행해야 할 것이다.

세계는 아직도 빈곤과 기아 그리고 재난과 선쟁으로 빚어지는 참상이 계속되고 있다. 12억 명 이상이 하루 1달러 미만의 생활비로 살아야 하는 절대적 빈곤에 처한 가운데 8억 명 이상이 기아에 시달리고 있다. 또 2억 명 이상이 전쟁과 재난으로 고통받고 있다.

국제 사회는 먼저 이런 상황부터 구제하는 데 협력하면서 세계화의 진전에 따라 심화한 양극화, 무역 분쟁, 난민 문제, 기후변화 문제 등의 공동 과업에 뜻과 역량을 모아야 할 것이다.

국제사회에 전쟁이나 자연재해로 인해 난민이 발생하거나 기근이 들어 긴급구호 협력 사안이 생기면 ODA(공적개발원조) 기금이 크게 도움을 준다.

ODA는 1969년에 OECD DAC(개발원조위원회)가 규정한 개념으로, 선진국 정부나 공공기관이 개발도상국의 경제 발전과 복지 증진을 돕기 위한 목적으로 공여하는 증여나 차관을 말한다. 한국은 2009년 OECD 공여국 모임인 DAC에 가입하면서 수혜국에서 공여국이 되었다.

한국의 ODA 예산은 2020년 3.4조 원에서 2023년 4.8조 원으로 해마다 꾸준히 늘었다. 올해는 지난해보다 1조 원 가까이 늘고, 내년에는 더 많이 6.5조 원 규모로 편성된 것이 눈에 띈다.

각국 ODA 예산의 일부는 국제기구로 가고, 나머지는 자체 사업으로 집행한다. 그런데 자체 예산 구성을 보면 아쉬운 점이 있다. 인도적 지원 예산 7,400억 원 가운데 민관협력 부문은 0.6%에 불과한 50억 원에 그친다. 한국 정부가 NGO 활동의 전문성을 잘 살리지 못할뿐더러 신뢰하지 못하는 실정을 보여준다.

UNWFP(유엔세계식량계획)은 예산의 70%, UNHCR(유엔난민기구)는 예산의 30% 이상을 민간 협력체계, 즉 NGO 협력체계를 통해 집행한다. 그래서 국제 NGO들은 그 역량만큼이나 중요하고도 광범위한 역할을 맡아 한다. 이에 비하면 국내 NGO들은 오랫동안 활동하면서 전문 역량과 조직 체계를 갖춰왔지만, 정부의 인식 부족과 파트너십 결여로 제 역량을 발휘하지 못하고 있다.

NGO는 비축된 구호물자를 맨 먼저 현장에 전하고 현장과 밀접하게 소통하면서 이재민에게 진짜 필요한 것이 무엇인지, 가장 시급한 것이 무엇인지를 파악하여 구호 활동에 적용한다. 또 재난이 발생하는 즉시 전문가들로 구성된 구호 캠프를 꾸려 각종 의료 서비스를 제공하는 동시에 식량을 비롯한 생필품이 끊이지 않도록 지원한다. 현지 NGO들과의 네트워크도 긴밀하게 연결되어 있어 광범위한 지역을 중복 없이 체계적으로 지원한다.

2023년 2월, 튀르키예 동남부와 시리아 서북부 국경지대에서 잇달아 발생한 강진(각각 규모 7.8과 7.5)으로 수만 명이 숨지고 1,600만 명에 이르는 이재민이 발생했다. 이에 재난 구호에 필요한 전문성을 갖춘 국제 NGO들이 가장 먼저 현장에 진입하여 임시 쉼터를 마련하고 재난민들이 자치적으로 구호 캠프를 꾸려가도록 이끌면서 필요한 구호 서비스를 제공했다.

이처럼 인도적 지원 현장에는 NGO가 맨 먼저 달려간다. 1994년 르완다 내전, 2004년 남아시아 지진해일, 2010년 아이티 대지진, 2018년 방글라데시 로힝야 난민캠프, 지난해 우크라이나 전쟁에 이어 올해 초 튀르키예─시리아 대지진까지 재난 현장에는 어김없이 NGO가 출동하여 긴급구호 사업을 벌인다.

"한국 정부는 ODA 정책 목표를 본연의 목표인 인도주의 실현에 두기보다 자국의 일자리 창출, 민간 해외 진출 등 산업 측면에 두었으며, 특히 2021년의 제3차 국제개발협력 종합기본계획에 '상생과 국익'을 포함함으로써 ODA를 자국의 정치·경제적 이익을 얻는 도구로 활용하도록 명시했다는 점을 지적받았다."

국제 NGO들이 활발하게 인도적 지원 사업을 벌일 수 있는 배경에는 주요 선진국들의 예산 지원을 동반한 활발한 파트너십이 있다. 노르웨이는 인도적 지원 예산의 50%를 NGO를 통해 집행한다. 네덜란드, 스웨덴, 캐나다, 미국 같은 선진국들도 관련 예산의 20~35%를 NGO를 통해 집행한다. OECD 평균이 20%이고, 일본이 그에 한참 못 미치는 4% 선인데, 한국은 1%에도 못 미쳐 아예 비교 대상조차 되지 못한다. 한국 정부가 NGO를 대하는 현실을 고스란히 반영하는 수치다.

해마다 수천억 원에 이르는 정부의 인도적 지원 예산 99%가 긴급구호에 쓰인다. 현지 정부와 UN 산하 국제기구로 전달되는 구호금이다. 국내 NGO들도 같은 재난 현장에 진입하여 인도적 지원 사업을 벌이지만 재원은 공유하지 못해왔다. 올해 들어 정부가 KDRT(해외긴급구호대)에 처음으로 NGO를 포함하는 등 기존의 분위기에 변화가 감지되고 있어 그나마 다행이다.

한국의 국제 협력 사업은 이런 문제를 안고 있는 것 외에도 국제사회로부터 정곡을 찔리는 지적을 당해 성찰과 함께 정책 방향 수정을 요구받고 있다.

2023년 10월, KCOC(국제개발협력민간협의회)는 한국 정부의

ODA에 대한 시민사회 평가보고서를 실사를 위해 방한한 OECD DAC(개발원조위원회의) 실사단에 전달했나.

ODA 전반, 시민사회 협력 분야, 인도적 지원 분야로 나눠 현황을 진단하고 개선 사안을 제시한 보고서 서두에 명시된 우려는 우리의 낯을 뜨겁게 한다.

"한국의 ODA가 국익 추구의 수단이 되는 것에 대해 심각한 우려를 표명한다."

한국 정부가 ODA 정책 목표를 본연의 목표인 인도주의 실현에 두기보다 자국의 일자리 창출, 민간 해외 진출 등 산업 측면에 두었으며, 특히 2021년의 제3차 국제개발협력 종합기본계획에 "상생과 국익"을 포함함으로써 ODA를 자국의 정치·경제적 이익을 얻는 도구로 활용하도록 명시했다는 점을 지적한 것이다.

게다가 수혜국에 한국 제품과 서비스를 사용하도록 하는 '구속성 원조' 비중이 여전히 높은 데다가 유·무상 원조가 여러 기관으로 나뉘어 추진되는 바람에 발생하는 비효율의 문제도 여전하다는 지적을 받았다.

이어서 보고서는 양자 간 ODA 중 최빈국 비중과 지원 규모를 늘리고 정부와 시민 사회의 파트너십을 확대할 것을 주문했다.

이 평가보고서는 평가대상국 입김이 영향을 미칠 여지가 전혀 없어 평가대상국의 국제 협력 전반에 관한 실상이 고스란히 드러나는 객관적인 자료다. 그래서 "한국 정부가 인도적 지원 사업마저 이익 추구의 수단으로 삼는다"는 이 보고서의 지적은 더욱 뼈아프다.

이 지적에 선진국으로서 우리 대한민국이 지향해야 할 국제 협력의 방향과 전략에 대한 힌트가 모두 들어 있다.

글로벌 리더십 강화 전략

한국이 공식으로 개도국 지위를 벗어나 선진국 그룹에 든 것은 2021년이지만, 선진국 클럽이라는 OECD에 가입한 것이 1996년이고, OECD 내 DAC(개발원조위원회) 회원국이 되면서 원조 수혜국에서 공여국이 된 것이 2009년이다. 또 그사이에 세계 10위권의 무역 대국으로 성장하는 가운데 1인당 GDP가 일부 G7 국가를 앞지르는 등 사실상 선진국 대우를 받을 만큼 국제적 위상이 높아졌다.

이에 따라 한국의 글로벌 리더십에 대한 국제사회의 기대 역시 날로 높아지고 있다. 하지만 한국은 오늘날 경제상으로는 갈수록 거세지는 신흥 공업국들의 도전에 직면해 있고, 안보상으로는 불확실성이 더욱 커지는 남북 관계와 더불어 주변 강대국들을 둘러싼 지정학적 위협에 노출되어 있다. 그런 데다 인구 절벽, 고령화, 노동 환경 악화 등 여러 가지 사회적 불안 요소가 확대되어 가고, 정치적 리더십의 상실로 첩첩이 쌓여가는 현안을 해결할 역량이 결여된 상태다.

이런 가운데 국제 사회가 요구하는 글로벌 리더십을 과연 얼마나 충족할 수 있을지 심히 우려하지 않을 수 없다.

"헌법의 개정 방향은 무엇보다 대통령에게 지나치게 집중된 권력을 효과적으로 분산시키는 것이 핵심이 되어야 할 것이다. 그리하여 이를 바탕으로 책임 정치가 실현되고 국정 운영의 연속성이 담보될 수 있도록 하는 내용이 담겨야 한다. 이런 개헌은 대한민국의 글로벌 리더십 위상에도 긍정적인 영향을 미칠 것이다."

한국에 대한 국제 사회의 기대는 얘기한 대로 외형적 성장과 밀접하게 연관되었다. 국제 사회에 비친 한국의 이미지는 절차적 민주주의를 달성한 모범적인 민주화 국가로서 세계 10위권의 경제력에 사회·문화적으로 매우 역동적인 사회라는 것이다.

그런 데다가 최근 들어서는 G7 회의에 옵서버로 자주 초청받는 가운데 G8 회의로의 확대 논의를 불러일으키는 등 날로 그 위상이 높아지고 있다. 그러나 오늘날 한국은 그런 자만심에 빠져 있을 때가 아니다. 사회와 국정 전반에 걸쳐 산적한 과제가 해를 묵히며 우리의 숨통을 더욱 죄어드는 형국이다.

천정부지로 오른 집값은 내려올 줄을 모르고 물가상승률이 9년 만에 최고치로 올라 서민의 생계를 위협하고 있는 가운데 사회 전반으로 확대된 불공정이 현 정부 들어 더욱 심화하고 있다. 자살률은 OECD 37개국 중 여전히 1위이고, 국민의 행복지수는 35위다. 도무지 선진국이라는 실감이 나지 않는다.

이런 모든 문제의 원인은 정치에 있다. 한국은 정치 선진화가 가장 시급한 과제다. 대내적으로는 사회 전반의 시스템을 선진화하는 가운데 국민이 실질적으로 더 행복해질 수 있도록 정치가 대오각성하고 사회 각 주체가 열린 마음으로 뜻을 모아 더 나은 미래 공동체 건설에 힘을 다해야 할 때다.

정치 선진화가 가장 시급한 과제라고 했는데, 이를 뒷받침하려면 개헌도 빼놓을 수 없는 선결 조건이다. 현행 헌법은 이른

바 '87 체제'를 출범시킨 기반으로, 이후 36년 세월이 일으킨 변화를 담아내려면 개정이 필요하다는 시대적 요청이 진작부터 있었다. 그러나 거대 양당이 각자의 정치적 이해관계에 따라 변죽만 울렸을 뿐 실질적인 진전은 한 걸음도 이루지 못한 실정이다. 하지만 국가의 면모를 일신하고 급속한 사회 변화에 대응하기 위해서라도 이제는 더 미룰 수 없게 되었다.

헌법의 개정 방향은 무엇보다 대통령에게 지나치게 집중된 권력을 효과적으로 분산시키는 것이 핵심이 되어야 할 것이다. 그리하여 이를 바탕으로 책임 정치가 실현되고 국정 운영의 연속성이 담보될 수 있도록 하는 내용이 담겨야 한다.

구체적으로는 대통령 4년 중임제, 국무총리 국회 추천 및 감사원 국회 이관, 대통령선거 결선투표제 도입, 지방분권 강화를 뼈대로 하는 개헌안을 마련하고 그에 따른 세부 내용을 시대적 요청에 부합하도록 정밀하게 짜 넣어야 할 것이다.

이런 헌법 개정은 대한민국의 글로벌 리더십 위상에도 긍정적인 영향을 미칠 것이다. 글로벌 리더십에서 한국은 경제적 위상에 비하면 기여도가 아주 낮은 편에 속한다. 그렇다면 글로벌 리더십에서 가장 높은 평가를 받은 나라는 어디일까. 미국도 중국도 아니고 독일이다. 갤럽의 〈세계 지도력 보고서〉 (Rating World Leaders)에 따르면, 바이든 행정부 초기에 50%에 달하던 미국의 글로벌 리더십 긍정 비율이 연이어 하락하여 독일의 46%보다 낮아진 것이다. 미국과 대립각을 세운 중국은 30%에서 28%로 낮아졌고, 러시아는 우크라이나 전쟁의 여파로 33%에서 21%로 급락했다.

사실 세계 유일의 초강대국인 미국이 국제 사회에 행사하는 영향력만큼이나 글로벌 리더십을 충분히 발휘하지 못한 탓에 국제사회는 여러 이슈를 둘러싸고 갈등과 긴상 국면이 고조되고 있다.

미국과 유럽연합 그리고 일본, 호주 등이 하나로 묶인 축과, 중국과 러시아 그리고 북한, 이란 등이 하나로 묶인 축이 두 진영을 이루어 맞선 형국의 새로운 대치 전선이 미래 질서 주도권을 둘러싸고 경쟁이 격화할 조짐을 보여왔다. 이 대결 구도가 미국과 중국의 갈등과 우크라이나 전쟁을 계기로 본격화하고 있어 그 틈바구니에 낀 한국의 외교 안보 역량이 그 어느 때보다 더 크게 요구되고 있다.

미국은 중국을 잠재적 핵심 위협으로 간주하고 첨단 기술력억제, 인도·태평양 지역의 군사 동맹 강화 등 다방면으로 대중국 견제를 확대하고 있다. 이에 맞선 중국은 서구 자본주의의 쇠퇴와 함께 중국의 부상으로 세계가 나원화하는 가운데 사회주의의 위업이 새로운 발전 기회를 맞이할 것으로 자신감에 차 있다. 중국은 미국과 대등한 국제 질서의 양대 축으로 올라서기 위해 과학기술 강국화에 매진하는 한편 대만의 흡수 통일을 양보할 수 없는 내정으로 기정사실화하고 있다.

이미 우크라이나로부터 크림반도를 탈취해 흑해에서의 지정학적 위협을 제거한 러시아는 우크라이나의 나토(NATO) 가입 추진을 최대의 안보 위협으로 간주하고 다시 전쟁을 일으켜 미국이 주도하는 나토의 서진 조짐에 반기를 들었다. 러시아 역시 군사적으로 미국과 대등한 위치에서 세계 질서에 영향력을 행사하고자 강경책을 밀어붙이는 형국이다. 이에 푸틴은 자국민에게 강력한 지도자의 이미지를 부각하며 여전히 높은 인기를 누리고 있다.

일본은 미국과 중국의 기술 패권 및 지정학적 전략 경쟁이 심화할수록 미일 안보 체제를 강화하는 것으로 역내 인도·태평양지역에서 중국을 배제하고 일본의 영향력을 확대하려 할 것이다. 하지만 일본은 그런 가운데서도 중국과의 소통과 협력 창구를 완전히 닫지는 않고 유효한 상태로 유지한 채 예기치 못한 변수에 대비할 것으로 예측된다. 그것은 미국에 대해 협상력을 높이는 유력한 전략이기도 하다.

미국 국가안보전략은 공식으로 "탈냉전 시대의 종언"을 명시했다. 중국은 "근래 100년간 본 적 없는 세기의 대변화"를 역설하고, 독일은 외교안보 정책에 "시대적 전환"을 명시하고 대책을 제시했다. 이렇듯 오늘날 세계는 국제 질서의 대전환을 예고하면서 전환 이후의 불확실성에 대비하기 위해 그 어느 때보다 국력을 강화하는 데 모든 역량을 집중하고 있다.

이러한 국제 질서의 대변혁 국면을 맞아 대한민국은 어떤 방향으로 글로벌 리더십을 강화하고 전략을 세워야 할까?

미국과 중국이 벌이는 패권 경쟁의 소용돌이에 휘말리지 말고 그 틈바구니에서 절묘한 균형점을 찾아 양국 관계의 긴장을 누그러뜨리면서 국익에 최우선하는 외교를 모색해야 할 것이다. 우리의 실학 전통에서 제시한 실사구시(實事求是)의 정신을 응용할 필요가 있다.

나아가 시선을 전 세계로 돌려보면, 한국은 개도국에서 선진국 그룹으로 올라선 유일한 국가로서 남반구와 북반구를 연계하는 교량 역할을 모색할 수 있다. 산업화와 민주화를 모두 이뤄낸 한국의 경험이 남반구의 발전에 크게 도움을 줄 것이다. 무엇보다 한국 정부는 폭넓은 국민석 공감대와 합의에 기반을 두고 외교 정책과 전략을 수립해야 한다. 어떤 일이든 국민의 전폭적인 지지 기반 없이는 성공하기 어렵고, 지속하기는 더욱 어렵나.

제4장

미래를 위한 정책 제안

저출생에 따른 인구 절벽의 현실이 던지는 메시지는 그저 미래 노동력이 부족하게 생겼으니 잘 대처하라는 것이 아니라, 우리가 그토록 자랑스러워하는 대한민국이 "새로운 세대를 낳고 키울 수 없는 불모지가 되었다"는 사실이다. 중요한 것은 부족한 노동력을 어떻게 메울 것인가를 궁리하는 것이 아니고, 그에 앞서 인간이 인간답게 살 수 있는 환경을 어떻게 만들어 갈 것인가를 고민하는 것이다.

01

미래 발전을 위한 연구개발 지원

OECD는 회원국은 물론 비회원국까지 아울러 각국의 과학기술 부문 지표를 수집하여 분석한다. 한국은 과학기술정보통신부와 KISTEP(한국과학기술기획평가원)가 공동으로 정부·공공·민간 부문을 망라한 연구개발 활동 현황을 조사하여 해마다 주요 결과를 OECD에 통보하고 있다.

OECD는 각국이 보내온 자료와 자체 수집한 자료를 분석하고 정리하여 MSTI(주요 과학기술 지표)를 발표한다. MSTI는 연구개발 관련 지표(비용 및 인력)를 비롯하여 특허, 기술 무역, 첨단기술 산업의 무역수지 등의 자료를 국가별·시계열로 정리하여 제공한다.

MSTI에 따르면, 2021년 우리나라 전체 연구개발비는 규모는 약 893억 달러로 세계 5위, GDP 대비 연구개발비 비중은 4.96%로 세계 2위 수준이다. 재원별로는 정부·공공 부문의 투

자가 210억여 달러로 23.6%, 민간·외국 부문의 두자가 682억

여 달러로 76.4%를 차지해 민간·외국 부문의 누자 비중이 월

등히 높았다. 연구 수행 주체 역시 공공연구기관은 대학의 81

억여 달러(9.1%)보다 조금 많은 104억여 달러(11.7%)에 그쳐 기

업의 706억 달러(79.1%)에 비해 아주 낮았다. 연구개발 재원이

나 수행 인력 모두 민간과 외국 자원 의존도가 압도적으로 높

다는 걸 알 수 있다. 이런 기조는 2022년에 이어 2023년에도 계

속돼 크게 달라질 조짐은 보이지 않는다. 뒤집어 말하면 공공

부문이 해야 할 일이 그만큼 여지가 많다는 얘기다. 특히 대기

업에 비해 상대적으로 재원이나 인력이 빈약한(대기업 61%, 중견

기업 14.0%, 중소기업 10.5%, 벤처기업14.5%) 중소기업에 대한 지원을

대폭 확대할 필요가 있다.

기술 변화 트렌드와 연구개발 전망

3장에서 미래기술 트렌드에 대해 알아보았는데, 여기서는 미

래 산업의 연구 개발과 관련이 깊은 첨단기술 트렌드와 기술

변화를 주도하는 IT 기술 트렌드에 대해 알아본다. 3장에서의

미진한 부분을 보충하는 의미도 있다. 3장의 내용과 연결해서

보면 기술 변화 트렌드를 더욱 확연하게 알 수 있을 것이다.

세계적인 컨설팅 기업 맥킨지는 미래 시장과 산업 변화를 주도할 첨단기술 변화 트렌드 10가지를 선정하고 사회·경제적 혁신 창출을 비롯한 파급효과를 예측한 보고서를 내놓았다.

먼저 '차세대 공정으로서의 자동화·가상화'는 사물인터넷(IoT), 디지털 트윈(digital twin), 3D/4D프린팅, 로봇을 주요 기반 기술로 삼는다. '디지털 트윈'은 실제와 동일한 3차원 모델을 만들고 현실 세계와 가상의 디지털 세계를 데이터를 기반으로 연결함으로써 현실과 가상이 마치 쌍둥이처럼 상호 작용하게 하는 기술이다. 4D프린팅은 3D프린팅보다 한 단계 진화된 기술로, 3D프린팅 기술을 이용해 물체를 만드는 것은 같지만 시간이 지나 제품이 온도·햇빛 등 환경 조건에 반응해 스스로 형태를 바꾸는 자가변형이나 자가조립 기술이 더해진 것이다.

이런 자동화·가상화 기술이 상용화되기 시작하면서 수년 내로 업무 대부분이 자동화되고 인력 배치가 재구성될 것이다. 그리고 물리적 공정의 가상화에 따라 제품·서비스의 수명 단축 등에 대한 대응이 빨라질 것이다.

다음은 '연결성'으로 사물인터넷을 비롯한 5G를 기반기술로 삼는다. 2030년이면 세계 인구의 80%가 5G로 연결될 것이고, 원격수술 등의 새로운 서비스 모델이 창출될 것이다.

또 '분산 인프라'는 에지 컴퓨팅(edge computing)을 기반 기술로 삼는다. 이 기술로 인해 수년 내로 대기업 데이터의 대부분이 에지 컴퓨팅으로 처리되면서 클라우드 컴퓨팅의 한세가 해소될 것이다. 에지 컴퓨팅은 데이터가 발생하는 주변(edge)에서 데이터를 처리하는 기술로, 중앙 서버에서 모든 데이터를 처리하는 클라우드 컴퓨팅의 한계를 보완한다. 에지 컴퓨팅은 사물인터넷 단말기 주변에서 데이터를 신속하게 분산 처리할 수 있어서 자율주행차, 인공지능, 가상현실 등 실시간으로 정보를 수집하여 신속하게 처리해야 하는 4차 산업에서는 핵심 기술이다.

에지 컴퓨팅에 이은 차세대 컴퓨팅은 양자 컴퓨팅과 뉴로모픽 칩을 기반기술로 삼는다. 양자 컴퓨팅은 양자역학을 활용해 복잡한 문제를 매우 빠르게 해결하는 기술이고, 뉴로모픽 칩은 인간의 뇌를 닮은 컴퓨터 칩을 말한다. 2035년까지 양자 컴퓨팅 관련 시장이 1조 달러로 확대되는 가운데 재료·제약·의학 분야의 혁신이 일어날 것으로 예측된다.

그 밖에도 응용 인공지능(컴퓨터 비전, 자연어 처리), 미래 프로그래밍(소프트웨어 2.0), 트러스트 아키텍처(제로 트러스트 보안, 블록체인), 바이오 혁명(생체분자, 바이오 시스템, 바이오 머신), 차세대 소재 (나노, 2D 물질, 그래핀), 미래 청정기술(핵융합, 탄소 중립 에너지) 등이 더해져 첨단기술 변화 트렌드 10가지를 구성한다.

2023년 8월, 글로벌 리서치 기업 가트너가 현재 상황을 반영한 신기술 하이프 사이클(Hype cycle)을 발표했다. 하이프 사이클은 특정 기술이 시간이 지남에 따라 어떻게 발전할 것인지를 단계별(기술 출현 단계−기대 정점 단계−환상 소멸 단계−기술 성숙 단계− 안정 단계)로 제시하므로 기업이 기술 투자 전략을 짤 때 매우 유용한 지표다.

이 지표에 따르면 현재 '기대 정점 단계'에 이른 기술은 생성형 인공지능, AI 증강 소프트웨어 엔지니어링, 클라우드 네이티브, AI 트리즘(TRiSM) 등으로 AI 관련 기술이 대부분이다.

AI 신뢰·위험·보안관리를 뜻하는 AI 트리즘은 본질적으로 AI 모델 자체는 신뢰하기 어렵고 공정하지 않을 수 있으므로 안전성이 부족하다. 또 조직은 AI 모델이 야기하는 위험을 고려하지 않는 경우가 많다. AI 트리즘은 AI의 불완전성을 기반으로 AI 시스템이 규정을 준수하고 공정하며 신뢰할 수 있는지 사전에 식별하고 데이터 및 개인정보를 보호하는 데 도움이 되는 모든 수단을 의미한다. 챗GPT 같은 생성형 AI는 기업이 경쟁하고 입무를 수행하는 방식을 잠재적으로 변화시킬 수 있지만, 기존 제어 방식으로는 해결할 수 없는 새로운 위험을 초래하기도 한다.

그 밖에도 가트너가 제시한 IT 혁신기술 트렌드에는 이머전트 AI, 개발자 경험, 클라우드 보편화, 인간 중심 보안 및 개인정보 보호 등 관련 기술이 포함된다.

이러한 미래 기술 트렌드에 뒤처지지 않고, 나아가 트렌드를 선도하려면 그에 합당한 연구개발 투자와 전략이 필요하다. 그렇다면 우리나라를 비롯한 주요 경쟁국들의 연구개발 투자 현황과 전망은 어떻게 되는지 살펴볼 필요가 있다.

한국의 국가 연구개발비 예산은 2019년 20조 5,000억 원으로 20조 원을 넘긴 이후 해마다 2~4조 원씩 늘어 2023년에는 31조 1,000억 원으로 30조 원을 넘겼다. 그런 덕분에 국가 연구개발 인프라가 꾸준히 확충되어 세계에 명함을 내밀게 되었다. 그런데 전 세계 패권 경쟁이 과학기술로 집중되는 추세에 현 정부는 오히려 2024년도 연구개발 예산을 전년도 대비 대폭 삭감하는 예산안을 발표하여 과학기술계에 충격을 안겼다. 물론 연구개발비가 부당하거나 비효율적으로 집행된 부분이 있다면 공정한 조사를 통해 엄정하게 바로잡아야 하겠지만, 그런 과정을 생략한 채 갑작스럽게 예산부터 덜컥 삭감하고 보는 식의 정책 결정은 정부의 신뢰를 스스로 떨어뜨리는 일일뿐더러 자칫 우리의 연구개발 경쟁력을 떨어뜨릴 수도 있다.

아직 국가의 연구개발 투자 확대가 필요한 상황에서 예산을 늘려도 모자랄 판에 즉흥적인 예산 삭감은 축구에 비유하면 자살골을 넣는 것이나 마찬가지다. 한국은 세계 추세에 맞춰 기후 변화 대응 관련 연구개발을 확대하는 가운데 특히 에너지 전환 부문에서 수소 에너지 기술 개발과 상용화에 집중하고 있다. 2050년에는 수소 에너지 세계시장 규모가 2조 610억 달러로 확대될 것으로 예측되고, 주요 선진국들이 수소 경제 실현을 위해 투자하는 연구개발 예산이 2,400억 달러에 이를 것으로 보인다.

미국의 2022년 국가 연구개발 예산은 약 1,600억 달러(약 200조 원)로, 한국의 7배 규모다. 전체 연구개발비는 약 8,800억 달러(약 1,100조 원)로 한국의 10배 규모다. 미국은 국가 연구개발 예산을 공공 의료 안보 및 혁신, 미래 산업, 안보, 에너지 및 환경 리더십, 우주 리더십 등에 중점 투자하고 있다. 특히 에너지부의 예산이 해마다 큰 폭으로 오른 것이 눈에 띈다. 기후 변화 대응 관련 연구개발의 확대에 따른 것으로 보인다.

중국의 국가 연구개발 예산은 2021년 6,440억 위안(약 115조 원)으로, 미국에 이은 2위다. 한국의 4배 규모다. 참고로, 중국의 전체 연구개발비는 2021년 2조 8,000억 위안(약 504조 원)으로 한국(약 110조 원)의 5배 규모다.

중국은 연구역량 확충을 위해 전략적 과학기술 역량 강화, 기업의 기술 혁신 역량 제고, 인재 혁신, 과학기술 혁신 메커니즘의 완비 등 혁신과 기술의 자립자강, 혁신이 주도하는 발전 체계를 구축하기 위한 투자를 강화하고 있다. 그밖에 차세대 인공지능, 양자정보, 집적회로, 뇌과학, 유전자 및 바이오 기술, 임상의학, 우주·지하·심해 및 극지 탐사 등과 같은 첨단 과학기술 분야를 선정하여 국가 차원에서 연구개발을 촉진하고 있다.

일본의 2022년도 국가 연구개발 예산은 약 4조 2,200억 엔(약 38조 원)으로, 경제 규모에 비하면 많은 편이 아니다.

일본은 기반기술 분야로는 AI, 바이오, 양자, 소재를 지정하고, 응용기술 분야로는 환경·에너지, 안전·안심, 건강·의료,

우주, 해양, 식료품·농림수산업을 지정하여 연구개발 제도와 연계하여 국가전략을 수립·추진하고 있다.

주요 선진국의 연구개발은 우주산업 분야에도 집중되고 있다. 2020년 3,900억 달러에 이르던 우주산업 시장 규모가 2040년쯤이면 1조 2천억 달러 규모에 이를 것으로 예측되는 가운데 우주산업 비즈니스 기회를 선점하기 위해 주요 경제 강국들은 치열한 경쟁을 벌이고 있다. 그런 가운데 한국도 자체 기술로 위성체 발사에 성공함으로써 세계 7대 우주 강국으로 도약하는 등 우주산업 기반을 마련하기 위해 애쓰고 있다. 우주산업에서 비즈니스 기회는 우주 탐사와 활용뿐 아니라 발사체와 위성 개발, 제작, 발사 등에 걸쳐 발생하고, 나아가 우주여행, 우주 인터넷, 데이터, 광물 채굴, 쓰레기 청소 등 새로운 기회로 확장될 것이다.

정부의 기업 연구개발 촉진 전략

최근 미국의 대중국 반도체 제재 실상을 보자면 과학기술의 연구개발이 경제안보에서 얼마나 중요한지 실감 난다. 일본이 미국의 조치에 동참하고, 한국과 대만이 동참을 압박받는 사이에 프랑스를 비롯한 유럽연합의 주요 국가들은 엇박자로 자국의 잇속을 차리는 풍경이 펼쳐진다.

한국은 지난 2019년 일본에 느닷없이 뒤통수를 얻어맞았다. 일본은 강제동원 배상 문제로 빚어진 갈등을 두고 전격적인 반도체 소재 수출 규제로 보복을 가해온 것이다. 역사 문제에서 줄곧 적반하장의 태도를 보여온 일본은 세계의 통상 상식과 규범을 어기면서까지 전시 적대국에나 행할 법한 조치를 태연히 자행했다. 경제 안보의 중요성을 새삼 깨달은 우리 정부는 반도체, 디스플레이, 자동차, 전기·전자, 기계·금속, 기판 화학 등 6개 분야 100개 품목을 전략 물자로 지정해 연구개발에 집중투자한 결과 상당 부분 국산화를 이루면서 일본의 수출 규제를 오히려 전화위복의 기회로 삼았다. 한국의 연구개발 투자 규모는 이때부터 해마다 10~20%씩 크게 늘어 일본과 어깨를 나란히 하기에 이르렀다.

코로나 사태에 이어 미국의 대중국 반도체 견제를 계기로 자국 우선주의가 더욱 심해지면서 반도체, 의약품, 배터리 등 핵심 첨단 산업 분야에서 기술력 확보가 경제 안보 핵심 이슈로 떠올랐다. 세계화 국면에서는 경제적 채산성을 기반으로 국가 간 분업 구조가 형성되었다면, 이제는 경제 안보 리스크를 최소화하는 방향으로 경제 기조가 바뀌어 기술의 대외 의존도를 줄이고 자국 내에 완결된 공급망을 구축하는 추세가 되었다. 이에 세계 각국은 핵심 첨단기술 연구개발에 발 벗고 나선 것이다.

"OECD 37개국 평균 연구개발 세제 지원율이 0.17이다. 한국의 중소기업 평균은 0.26으로 지원 사정이 나은 편이지만, 평균 0.02에 불과한 대기업은 개선의 여지가 크므로 지원율을 높이면 그만큼 연구개발 투자 촉진 효과도 클 것이다."

한국 기업들의 매출액 대비 연구개발 투자 비율은 주요 경쟁국에 비하면 아직도 낮은 편이다. 그나마 전체 비율이 주요 선진국 평균에 근접한 것은 IT 기업들의 투자 비율이 비교적 높은 덕분으로, 만약 상위 10개 IT 기업을 제외한다면 그 비율은 크게 내려갈 것이다.

이에 우리 기업의 연구개발 투자를 촉진할 방안을 마련하여 실행하는 일이 급선무가 되었다. 앞에서 살펴보았듯이, 전체 연구개발비 투자 비중의 70~80%를 기업이 담당한다. 이는 우리니리뿐 아니라 세계적인 추세다. 국가 예산을 늘리는 것만으로는 한계가 뚜렷하므로 과학기술 발전의 향방을 좌우할 기업 부문의 연구개발 투자를 촉진하는 것이 최대 관건이다.

주요 선진국의 사례로 보아도 가장 효과적인 투자 촉진 방안은 기업의 연구개발 투자에 대한 전폭적인 세제 지원이다. 이는 세계적인 추세지만, 한국은 대기업·중견기업의 연구개발비 투자세액공제율을 오히려 축소한 탓에 주요 경쟁국보다 세제 지원 규모가 크게 뒤떨어져 기술 경쟁력과 성장 잠재력 약화가 우려된다.

중소기업의 투자세액공제율은 비교적 높은 편이어서 그나마 다행이지만, 기업 부문 연구개발 투자의 대부분을 담당하는 대기업·중견기업의 투자세액공제율이 2014년 이후 감소하여 아직껏 그 기조를 유지하고 있다. 이는 기업의 연구개발비 투자 증가의 둔화 요인으로 작용한 것으로 나타났다.

기업의 연구개발비 투자 증가율은 2000년대 초에 연평균 12.0% 이상이었다가 9.0%대로 떨어지더니 최근 5년(2016~2020년)에는 7%대로 더욱 떨어졌다. 설비투자 역시 이런 기류를 타고 있어, 미래 경쟁력 강화를 위한 기업의 투자에 좀 더 적극적인 정부의 지원 방안이 절실한 시점이다.

OECD 37개국 평균 연구개발 세제 지원율이 0.17이다. 한국의 중소기업 평균은 0.26으로 지원 사정이 나은 편이지만, 평균 0.02에 불과한 대기업은 개선의 여지가 크므로 지원율을 높이면 그만큼 연구개발 투자 촉진 효과도 클 것이다.

한국이 소극적으로 대응하고 있는 사이에 주요 경쟁국은 기업의 연구개발 지원을 적극적으로 확대하고 있다. 2022년 7월에 통과된 미국의 반도체산업진흥법안은 반도체 설비 건설 및 장비·특수공작기계 등에 대한 25% 투자세액공제를 포함한다. 또 일본은 연구개발 투자를 늘리는 기업에 대한 세액공제 한도를 25%에서 30%로 높이고, 탄소 중립 투자 촉진 세제와 같은 새로운 지원 방안을 추가하고 있다.

관련 연구와 조사에 따르면 최근 15년간 연구개발비를 투자한 기업의 기업당 평균 매출액이 전체 기업 평균의 3배에 이른다. 연구개발 투자 효과가 얼마나 큰지를 분명하게 보여주는 수치다. 따라서 기업의 연구개발 투자 촉진을 위해 과감한 지원 방안을 마련하여 실행할 필요가 있다.

연구개발 인프라 및 투자 확대 전략

한국의 국가 연구개발 예산은 2012년 16조 원에서 해마다 평균 10% 이상씩 증가하여 2022년 30조 원을 넘겼다. 10년 만에 2배 가까이 늘어나는 가운데 국가 총예산에서 연구개발 예산이 차지하는 비중도 계속 높아져 왔다. 연구개발 투자와 지원 강화로 신사업·신시장 창출에 필요한 지속 가능한 미래 국가 성장 기반을 마련하고자 하는 의지를 엿보인다.

연구개발 인프라 확대를 위한 국가의 투자와 지원 확대도 중요하지만, 확보된 재원을 우선 순위와 중요도에 따라 합리적으로 편성하여 효율적으로 사용하는 일도 그에 못지않게 중요하다. 그러려면 정부와 과학기술계의 파트너십을 현장 중심으로 긴밀하고도 효율적으로 구축할 필요가 있다.

무엇보다 국가 경제 백년대계의 바탕을 마련할 과학기술 연구개발에 정치적 이해타산이 개입해서는 안 될 것이다. 과학기술 연구개발 투자는 일관성과 연속성이 성패를 가르는 가장 중요한 관건이기 때문이다.

첨단기술 연구개발에는 인프라, 즉 기반시설이 더욱 중요해지고 있다. 오늘날에는 첨단화한 장비와 대형 연구시설이 새로운 과학기술 창출에 핵심 역할을 한다. 그런데 이런 인프라 구축에는 워낙 막대한 비용과 전문 인력이 필요해서 웬만한 대기업이나 국책기관이 아니고서는 엄두도 낼 수 없다. 그래서 주요 선진국들은 정부 주도로 막대한 예산을 투입하여 첨단과학기술 연구개발 인프라 구축에 더욱 힘을 쏟고 있다.

우리나라도 연구개발 인프라 현황의 세밀한 점검을 통해 장기적인 안목으로 지속 가능한 목표와 전략을 새롭게 세워 실행해야 할 것이다.

무엇보다 국가 경제 백년대계의 바탕을 마련할 과학기술 연구개발에 정치적 이해타산이 개입해서는 안 될 것이다. 과학기술 연구개발 투자는 일관성과 연속성이 성패를 가르는 가장 중요한 관건이기 때문이다. 한 가지 아쉬운 점을 덧붙이자면, 정부의 연구개발 예산의 꾸준한 확대로 양적·경제적 연구성과는 세계적 수준에 이르렀지만 관산협력이나 산학협력에 따른 연구개발 성과의 이전, 사업화 역량은 아직 미흡하여 연구개발 생산성은 답보상태라는 것이다. 그러므로 관산학 간의 개방성을 획기적으로 개선하여 연구개발 성과의 활용성을 배가하는 것이 시급한 국가적 과제다.

02

사회 안전망 강화

국회에서 가진 2024년도 예산안 시정 연설에서 윤석열 대통령은 "사회적 약자를 두텁게 지원하겠다"라고 했다. 그러나 정작 정부가 제출한 예산안에는 청소년, 장애인, 이주노동자, 아동, 여성, 노인 등의 사회적 약자를 돌보는 데 꼭 필요한 사회 안전망 예산이 대폭 삭감되었다. 대통령의 말과 실제 정책이 다른 것이다. 정치인의 말은 반복된다고 신뢰를 얻지는 못한다. 말이 곧 정책으로 일치되어 실행되어야 신뢰를 얻는 법이다.

현 정부 들어 단행한 부자 감세로 윤 대통령 임기 동안 80~100조 원의 세수가 감소할 것으로 추산된다. 거기에다 정부가 명분으로 내세운 부자 감세에 따른 경기 활황은커녕 불황이 장기화하면서 세수가 연평균 20조 이상이나 감소한 데다가 불확실성에 대응하느라 쓰임새는 갈수록 늘어나자 스스로 사면초가에 빠져버린 모양새다.

경기가 불황일수록 살기가 더 어려워지는 것은 사회 취약계층, 즉 사회적 약자다. 그러므로 빚을 내거나 다른 예산을 감축해서라도 사회 취약계층을 보호하기 위한 예산은 더 늘려서 적극적으로 민생을 안정시켜야 한다. 그런 정책이 경기를 회복하는 데도 효과적이다. 사회 안전망은 사회적 위험에 노출된 취약계층이 최소한의 인간적인 삶을 영위할 수 있도록 지켜주는 필수 장치다. 또 인구 절벽과 일자리 부족과 같은 사회적 위기에 대응하는 데 필요한 시스템이다.

대한민국 사회 안전망 현황과 과제

우리나라 소득보장제도는 여러 차례 보완을 거듭해왔지만, 아직도 사각지대가 적잖아 여러 문제를 안고 있다. 가장 큰 문제는 날로 심해지는 노동 시장의 이중 구조다. 대표적으로는 정규직과 비정규직의 이중 구조다. 정규직은 안정된 수입으로 조세를 부담하면서 사회보험을 비롯한 각종 소득보장제도의 혜택을 누리지만, 비정규직은 상대적 저임금에다가 상시로 해고의 불안을 안고 일하면서 소득보장제도의 혜택에서 제외되어 있다. 저소득에 따른 면세 또는 감세 혜택으로 소득보장제도의 극히 일부를 내신할 뿐이다.

 통계청이 발표한 〈2023년 8월 경제활동인구 노동 형태별 부가조사〉에 따르면 우리나라 전체 임금 노동자는 2,195만여 명이고, 그 가운데 정규직이 1,383만여 명, 비정규직이 812만여 명이었다. 비정규직 가운데는 시간제 노동자가 387만여 명, 일용직 노동자가 195만여 명이었다. 그런데 지난해보다 비정규직 노동자 수는 약간 줄었지만, 정규직과의 임금 격차는 166만여 원으로 2017년 이후 6년째 더 벌어지고 있다. 비정규직 월평균 임금(195만 7,000원)은 정규직(362만 3,000원)의 54%에 불과했다.

 비정규직 노동자 가운데 시간제 노동자 비중이 더 높아져서 전체 비정규직 노동자의 월평균 임금이 낮아지는 구조는 더 열악해지는 일자리 환경을 말해준다. 임금 격차뿐 아니라 사회보험 가입률에서도 크게 보여 정규직과 비정규직의 실질 소득 격차는 명목상의 임금 격차보다 더 크다고 볼 수 있다. 비정규직 노동자의 사회보험 가입률은 국민연금 38.4%, 건강보험 52.6%, 고용보험 54.2%에 불과하다.

 산업과 사회 전반의 디지털 대전환에 따라 많은 일자리가 없어지는 대신 새로운 일자리가 생기지만 고용의 이중 구조와 그에 따른 임금 격차는 더욱 심해질 것이다. 정규직으로 대표되는 고용의 중심부와 비정규적으로 대표되는 고용의 주변부의 격차가 날로 더 벌어지는 가운데 기술 발전에 따른 노동 시장의 충격으로 주변부의 고용 회복이 더 어려워지면서 소득분배가 악화할 것으로 예측된다.

노동 시장의 공정성 확보가 시급한 과제인데 어려운 과제다. 사용자 측에서는 노동 시장의 유연성이 필요하다며 비정규직의 정규직화에 반대한다. 그렇다면 먼저 '동일가치노동 동일임금' 원칙이 전제되어야 한다. 같은 일을 하고도 임금을 절반밖에 받지 못하는 부당한 대우를 받으니까 비정규직이 늘 문제가 되는 것이다. 그러므로 **'동일가치노동 동일임금' 원칙이 정규직화보다 우선하는 원칙이 되어야 한다. 그러면 많은 문제가 저절로 해결된다. '동일가치노동 동일임금' 원칙의 정립을 위한 임금체계 개혁은 소득보장체계 개혁과 함께 추진될 필요가 있다.**

이와 같은 노동 관련 안전망 외에도 사회복지 및 사회보장을 포함한 사회 전반의 안전망은 사회 서비스로 포괄하여 그 개념과 실행 방안을 사회보장기본법에 규정하고 있다. 여기에는 가족과 공동체의 위험 해소 서비스, 사회적 불평등 해소 서비스, 필요하지만 민간이 공급하지 않는 재화 제공 서비스 등이 포함된다. 그러나 우리나라의 사회 안전망은 제도와 운용 양면에서 다른 선진국에 비해 상당히 뒤처진 실정이다.

사회적 약자 보호를 위한 안전망

사회적 약자를 보호하는 최우선 방안은 무엇보다 먼저 차별을 받지 않도록 하는 일이다. 요즘은 드물지만, 예전에는 구인난에서 "용모 단정하고 신체 건강한 40세 이하의 대졸 남성" 같은 문구를 흔히 볼 수 있었다. 그런데 대개는 채용 조건이 직무와 연관성이 별로 없었다. 그렇다면 여기에는 5가지 차별이 존재한다. 생김새로 차별하고, 신체장애로 차별하고, 나이로 차별하고, 학력으로 차별하고, 성별로 차별하는 것이다.

우리 사회에서 이렇게 차별은 일상에서 알게 모르게 공기처럼 존재한다. 사회적 약자가 되어 보지 않으면 대개 느끼지 못하는 차별이지만, 막상 사고로 신체장애를 입거나 사업 부도를 맞아 노숙자로 떠돌거나 나이 들어 거동이 불편해지거나 커밍아웃을 하거나 하면 차별을 뼈저리게 느끼게 된다고 한다.

우리 사회에서 존재 자체로 부당한 차별은 없어야 한다는 데에 이견을 다는 사람은 없을 것이다. 그런데 '차별금지법' 이 논란이 되는 것은 안타까운 일이다. 차별금지법을 정치적 또는 종교적 이유로 무조건 배척하기 전에 법의 전모를 꼼꼼하게 들여다보고 법의 취지를 정확히 이해하는 절차가 필요하다. 이렇게 할 수 있도록 이끄는 것은 정치가 할 일이요, 언론이 할 일이다. 차별금지법뿐 아니라 어떤 새로운 법이든 다른 의도로 법의 본질을 왜곡하고 극히 일부분을 침소봉대하여 선동하게 되면, 우리 사회의 변화는 법으로 보장될 수 없게 되고, 필요한 법이 자리를 잡을 토대가 무너지고 말 것이다.

국가인권위에 진정된 차별행위는 해마다 꾸준하게 증가한다. 그러나 국가기관에 호소할 수 있는 차별은 너무 제한되어 있다. 사안에 따라 관련 법이 있긴 하지만 인정률이 극히 낮아 실효성이 거의 없는 실정이다. 국가인권위에 진정된 사건의 처리율은 고발 처분과 합의종결을 합해 10%에도 못 미친다. 90% 이상이 기각 또는 각하로 끝난다. 기각은 주장이나 청구를 아예 인정하지 않는 것이고, 각하는 청구의 기본 요건이 충족되지 않았다고 판단하여 조사나 판결을 진행하지 않고 해당 청구를 종료시키는 것이다.

비정규직법에 따라 차별 구제를 담당하는 노동위원회도 유명무실하기는 마찬가지다. 노동위에 제기된 차별시정 신청사건은 무시해도 될 만큼 미미한 수준이다. 위원회의 활동이 미진하거나 노동자의 신뢰를 얻지 못하고 있다는 방증이다. 중앙노동위원회에 신청되는 얼마 안 되는 사건이나마 기각 또는 각하 비율이 80~90%이니 거의 실효성이 없다고 하겠다.

심지어는 노동위원회에 차별시정신청서를 냈다는 이유만으로 해고되는 일이 자주 일어나서 문제가 심각하다. 제도나 법은 만들어놓기만 한다고 해서 끝나는 게 아니다. 그것이 실효를 거둘 수 있도록 여러 보완장치를 통해 잘 운용할 필요가 있다.

"넓게 보면 사회적 약자를 보호하고 지원하는 일이야말로 우리 사회 전체를 지키는 가장 중요한 안전망이다. 하나의 사회를 넘어 하나의 지구 안에서는 가난한 사람이 안전해야 부자도 안전할 수 있고, 장애를 지닌 사람이 안전해야 비장애인도 안전할 수 있고, 여성이 안전해야 남성도 안전할 수 있고, 노동자가 안전해야 자본가도 안전할 수 있고, 이주민이 안전해야 원주민도 안전할 수 있다."

사회적 약자가 겪는 어려움은 어느 한 분야에 국한되지 않고 총체적이다. 경제적 어려움, 교육의 어려움, 주거의 어려움, 건강 유지의 어려움, 사회적 소외는 한 묶음으로 온다.

이런 사회적 약자를 위해 필요한 제도나 지원 방안은 다양하다. 의식주 및 의료 지원 서비스와 같은 사회복지 프로그램, 접근성 개선이나 일자리 지원 서비스와 같은 장애인 지원 프로그램, 보육 및 가정폭력 방지 서비스와 같은 가족 지원 프로그램, 독거 노인 돌봄이나 고독사 방지 서비스와 같은 노인 지원 프로그램, 성 평등 정책 및 인식 전환 프로그램, 문화적 다양성 지원 프로그램, 이주민 정착 프로그램, 난민 보호 프로그램 등이 있다.

사회적 약자를 보호하고 지원하는 데 모두 필요한 안전망이다. 넓게 보면 사회적 약자를 보호하고 지원하는 일이야말로 우리 사회 전체를 지키는 가장 중요한 안전망이다. 하나의 사회를 넘어 하나의 지구 안에서는 가난한 사람이 안전해야 부자도 안전할 수 있고, 장애를 지닌 사람이 안전해야 비장애인도 안전할 수 있고, 여성이 안전해야 남성도 안전할 수 있고, 노동자가 안전해야 자본가도 안전할 수 있고, 이주민이 안전해야 원주민도 안전할 수 있다.

인구 절벽 위기에 대응하는 사회 안전망

통계청 인구조사 자료에 따르면 우리나라 2022년 비경제활동인구는 전해보다 51만여 명이 줄었다. 다시 말해 경제활동인구가 그만큼 늘어난 것이다.

전체 인구 중 경제활동인구 비율은 복지, 생산성, 지속가능성 등 그 사회의 모든 지표와 연결된 중요한 요소다.

그런데 우리나라는 평균 기대수명의 급속한 증가로 갑작스럽게 고령화 시대로 접어든 데다가 합계 출생률의 꾸준한 감소로 급기야 2020년부터 전체 인구가 감소로 돌아섰다. 염려하던 인구 절벽이 현실이 된 것이다. 우리나라 인구 문제는 고령화에 따라 노령 인구가 늘어나고 출생률 감소에 따라 청년 인구가 줄어드는 이중고에 직면하여 그 해결책이 쉽지 않게 되었다.

당장 발등에 떨어진 문제는 생산연령인구의 감소로 부양인구가 급격히 증가하고 있다는 것이다. 아동기를 벗어난 만 15세 이상부터 법정 은퇴 시점인 만 64세까지의 인구를 '생산연령인구'라고 하는데, 그 가운데 자발적 실업자(학생, 주부, 환자 등)를 뺀 인구를 '경제활동인구'라고 한다.

지금 추세로 가면 한국의 총인구는 2100년이 오기도 전에 현재의 절반 이하로 떨어질 것으로 예측된다. 2019년에 5,184만 명으로 정점을 찍은 총인구는 2020년부터 해마다 줄어들기 시작해 2023년 10월 현재 5,135만 명이다. 4년 사이에 50만 명이 줄어든 것이다. 이주민의 유입을 고려하면 자연 인구 감소는 그보다 더 클 것이다. 이런 추세가 이어지면 생산연령인구 100명당 부양인구도 꾸준히 늘어나 올해 26.1명에서 2035년이면 48.5명으로 배가되고, 2050년이면 78.6명에 이를 것으로 예측된다. 세계저으로 유례가 없는 수준이다.

현재 가구주의 연령이 65세 이상인 고령자 가구는 전체의 25.1%로, 4가구 중 1가구가 고령자 가구다. 고령자 가구는 계속 늘어나 2050년이면 전체의 절반을 차지할 것으로 보인다. 이런 가운데 현재의 삶에 만족하는 고령자는 전체 고령자의 34.3%로, 전연령대 평균(43.3%)보다 낮은 것으로 조사되어 고령인구에 대한 복지와 안전망 확충이 시급한 실정이다.

'고전 경제학의 아버지'로 불리는 애덤 스미스가 일찍이 "인구 증가세는 국가 번영의 정도를 보여주는 가장 분명한 척도"라고 한 통찰은 오늘날에도 여전히 유효하다. 한국을 비롯한 동아시아 지역의 놀라운 경제 성장 역시 인구 증가에 힘입은 바 크다. 그런데 지난해 한국의 합계출산율 0.78명은 전쟁 기간에도 보기 드물 정도로 낮은 수치다. 이 추세가 이어지면 한 세기 후에 한국의 총인구는 1,500만 명 선으로 급감하고, 500~600년이 지난 시점이면 최후의 한국인이 사망함으로써 멸종될 것으로 예측된다. '설마' 하겠지만, 이미 진행되고 있는 시나리오다.

더 늦기 전에 인구 절벽에 대한 대응 방안을 마련하고 문제를 풀어가야 한다. 저출산 문제의 책임을 개인에게 돌려 여성에게만 출산과 육아 의무를 지운다면 문제를 풀 수 없다. 지역별 가임기 여성 수로 순위를 나타낸 '대한민국 출산지도'를 작성하여 공개하는 공공기관의 행위, 낙태 반대 주장에 저출산 문제 해결이라는 프레임을 씌워 선동하는 종교계 일부의 행위 등은 여성을 애 낳는 도구로 취급하는 도착된 인식으로 여론의 뭇매를 얻어맞았다.

국가를 운영하고 사회를 이끌어가는 주체들이 젊은이들이 결혼해 살고 싶고, 또 아이를 낳아 기르고 싶은 마음이 드는 사회를 만들기 위해 고민하기보다 아이를 낳으면 한 명당 얼마씩 돈을 주겠다는 식의 정책을 남발하는 것도 문제다. 중앙정부든 지자체든 고령화와 저출산 문제에 대응한다면서 그렇게 현금을 뿌리는 식의 정책을 쏟아내 지난 20여 년간 500조 원에 가까운 예산을 들이부었지만 뚜렷한 성과를 거두지 못했다. 문제에 접근하는 발상과 방향부터가 본질에서 비켜난 탓이다. 무슨 제도를 마련하고 정책을 집행하기 전에 본질을 파고들어 근본적인 방안을 고민하기보다 우선 인기를 끌 법한 미봉책에 연연하기 때문에 벌어지는 일이다.

"중요한 것은 '부족한 노동력을 어떻게 메울 것인가' 를 궁리하는 것이 아니고, 그에 앞서 '인간이 인간답게 살 수 있는 환경을 어떻게 만들어 갈 것인가' 를 고민하는 것이다. 문제의 본질을 외면하고서는 영영 문제를 풀 길이 없다는 사실을, 특히 우리 정치인이 깨달아야 할 것이다."

그렇다면 어떻게 해야 할까?

출산율이 1.79명으로 떨어지자 국가비상사태를 선포하고 저출산 문제 해결에 발 벗고 나선 프랑스나 출산과 양육에 따른 경제적·사회적 환경을 획기적으로 개선한 스웨덴처럼 저출산 문제 해결에 어느 정도 성공한 나라들의 사례를 참고하는 것도 필요하겠지만, 국내 사례에 이미 결정적인 해답이 있다.

저출산 문제는 고용과 노동 정책을 포함한 사회 전반의 복지 인프라 개선 정책이 없이는 풀기 어렵다. 2021년 전국 합계 출산율이 0.81인데, 가장 낮은 지역과 가장 높은 지역의 편차가 2배나 난다. 서울시가 0.63명으로 꼴찌고, 세종시가 1.28명으로 으뜸이다. 어찌 된 일일까? 바로 여기에 저출산 문제를 완화할 힌트가 있다.

세종시는 출산과 육아에 있어 전국에서 가장 좋은 환경을 갖춘 도시로 알려졌다. 여기 사는 사람들 대다수가 공무원이거나 공공기관 정규직 직원이어서 비교적 안정된 직장생활을 누린다. 민간 기업 종사자보다 출산·육아 관련 지원을 더 많이 받는 데다가 휴직도 경력 단절 염려 없이 마음 편하게 신청할 수 있다. 게다가 맞벌이 부부가 선호하는 국공립 유치원·어린이집 비중도 광역단체 중 가장 높다. 아이를 낳아 키우기에 경제적·사회적으로 전국에서 가장 좋은 환경을 갖춘 것이다.

바로 세종시처럼 아이를 낳아 키우기에 좋은 환경을 만드는 것이 인구 문제를 해결하는 기본적이고도 핵심적인 방안이다. 지금껏 대증요법의 선심성 정책에 쏟아부은 막대한 재정을 출산·육아 환경 개선에 집중투자했다면 현재와 같이 절망스러운 지경까지는 이르지 않았을 것이다. 원점에서 다시 구상하여 근본적이고도 실질적인 방안을 마련해야 할 때다.

저출산과 고령화에 따라 생기는 생산연령인구의 부양인구 급증 문제를 우선 완화하는 방안으로 적극적인 이주민 유입 정책과 은퇴자의 재교육 취업 정책을 제시하는 의견도 있다. 필요한 정책이지만, 이주민을 그저 부족한 노동력을 메우는 수단으로 인식하고 취급해서는 안 된다. 이주민을 노동력이 아니라 공동체를 함께 꾸려갈 시민으로 받아들여야 우리는 문제를 본질에서 해결할 수 있다.

우리기 명심할 것은, 저출산에 따른 인구 절벽의 현실이 던지는 메시지는 그저 미래 노동력이 부족하게 생겼으니 잘 대처하라는 것이 아니라 우리가 그토록 자랑스러워하는 대한민국이 "새로운 세대를 낳고 키울 수 없는 불모지가 되었다"는 사실이다. 중요한 것은 '부족한 노동력을 어떻게 메울 것인가'를 궁리하는 것이 아니고, 그에 앞서 '인간이 인간답게 살 수 있는 환경을 어떻게 만들어 갈 것인가'를 고민하는 것이다. 문제의 본질을 외면하고서는 영영 문제를 풀 길이 없다는 사실을, 특히 우리 정치인이 깨달아야 할 것이다.

03

지역별 특화 전략 및 지원

지역별 산업 및 문화 특성을 바탕으로 지역 경제를 활성화하는 전략과 실행 방안이 필요하다. 지역별 특화 산업을 지원하고 문화 자산을 활성화하는 등 지역 커뮤니티와의 긴밀한 협력을 통해 지역을 살려야 한다. 지역을 살리는 길이 국가를 살리는 길이다. 지역이 소멸하면 국가는 자동으로 소멸할 것이다.

지역이 처한 현실과 과제

지난 11월 2일에 열린 '2023 지방시대 엑스포 및 지방자치 · 균형발전의 날 기념식에 참석한 윤석열 대통령은 "이제는 지방시대"라며 지방시대 퍼포먼스를 벌였다. 그 며칠 전에 김포시장이 느닷없이 김포의 서울 편입을 주장하고 나섰는데, 국민의힘이 이에 화답하듯 '메가시티 서울'을 당론으로 추진하겠다고 나섰다. 김포를 비롯한 서울 주변 도시들을 모두 서울에 편입하여 초거대도시를 만들겠다는 구상이다. 그동안 줄곧 지방 균형발전을 외쳐온 국민의힘의 돌발 행동은 정치 불신을 자초하며 거센 비판 여론에 직면했다.

여론이 불리하게 돌아가자 국민의힘은 '메가 부산' 이니 '메가 광주' 니 하며 마구 갖다 붙이며 여론의 반전을 꾀하지만, 우리 국민이 그런 임기응변의 농간에 쉬이 넘어갈 만큼 어리석지 않다.

'메가시티' 란 본래 지역 간 산업·문화·교통 등 전반의 유기적 연계를 강화해 규모의 경제와 지역주도형 균형발전을 주도하는 개념인데, 행정구역 통합이나 인구 확대 등에 초점을 맞춘 여당의 졸속 방안은 지금껏 추진해온 지방 발전 정책에도 역행하는 모순이다.

"거의 인구 소멸 단계로 접어든 군 단위 지역은 행정 역량이 고갈되어 해당 지역의 중심도시로 편입된 지 이미 오래다. 지역 내에 시 단위 도시를 품지 못한 군만 지금까지 시로 편입되지 못한 채 군으로 남은 실정이다."

우리나라의 가장 큰 문제 중 하나는 국가 자원과 역량의 수도권 집중 심화 현상이다. 특히 교육과 문화의 극심한 서울 편중은 세계적으로도 유례를 찾아볼 수 없을 만큼 심각한 상황이다. 그런 서울을 중심으로 나날이 비대해진 수도권에 전체 인구의 절반인 2,500만 명이 모여 산다.

이와는 반대로 수도권을 제외한 나머지 지방은 날로 말라간다. 참여정부 때부터 본격적으로 지역균형발전 정책 추진에 들어가 행정수도를 지방에 신설하고, 국책기관과 공기업을 대거 지방으로 이전하며, 수도권 밖에 본사나 생산시설을 설치하는 기업을 지원하는 등 다양한 노력을 기울여왔지만, 아직 획기적인 변화는 만들어내지 못하고 있다.

제2의 도시인 부산마저 인구가 400만 명에 근접했다가 점점 줄어들어 현재는 331만 명이다. 거의 인구 소멸단계로 접어든 군 단위 지역은 행정 역량이 고갈되어 해당 지역의 중심도시로 편입된 지 이미 오래다. 지역 내에 시 단위 도시를 품지 못한 군만 지금까지 시로 편입되지 못한 채 군으로 남은 실정이다.

이제는 비수도권 지역 인구가 줄어드는 지방소멸에서 일부 수도권과 광역시 인구까지 줄어드는 지역소멸 단계로 들어서는 현상이 나타나 지방 문제는 점점 더 심각해지고 있다. 출산율 저하에 더해 인구유출이 지역소멸의 주요 원인으로 밝혀져 종합적인 균형발전 대책이 요청된다.

산업연구원 조사에 따르면 전국 228개 시·군·구 가운데 임박한 소멸 위기 지역이 60곳에 이른다. 소멸 우려 지역까지 합하면 110곳으로 전체의 절반이나 된다.

따라서 지역균형발전은 국가의 존망이 걸린 중차대한 과업이 되었지만, 수도권이 연관 산업, 글로벌 교통, 교육, 문화 등 기업 활동과 국민 생활에 미치는 편익이 너무 커서 다양한 지방 유인 정책이 실효를 거두지 못하고 있다.

지역경제 활성화 전략

1990년대 들어 지방자치제가 부활하고 나서부터 지역경제 개념이 강화되고, 지자체 간에 경쟁하듯 지역경제 활성화 방안과 전략이 제시되었다. 물론 선거홍보용으로 과장되게 포장된 것들도 적잖지만, 지역별로 특화한 자산을 바탕으로 지속 가능한 지역 발전을 이루려는 진지한 노력이 이어져 왔다.

가령, 국내 최대의 포도 생산지 영동군은 농산물 시장개방에 대응하기 위해 1차 생산(포도 농사)을 2차 생산(와인 제조)으로 고도화하는 융·복합화를 추진해 새로운 부가가치와 고용을 창출함으로써 지역경제에 활기를 불어넣고 있다. 2008년부터 '100 농가 와이너리 육성사업'을 수립하고 역내 대학과의 산학 협력을 통해 와인 아카데미를 열어 와인 제조 및 인허가, 와인 포장과 완성품 제작, 홍보 마케팅 등을 지원했다. 이어 2014년에 개설한 와인연구소를 통해 농가 와이너리에 와인 품질 분석, 토종 효모 지원, 가공품 개발 등을 지원한 덕분에 숱한 실패를 딛고 현재는 40여 농가형 와이너리가 자리를 잡았다.

그런가 하면 속리산과 법주사로 유명한 보은군은 지역경제를 일으키는 활력소로 스포츠와 문화예술에 집중했다. 먼저 대중의 관심 밖이던 여자축구 리그전을 2011년부터 유치해 지역경제 활성화를 촉진했다. 그 덕분에 2006년 완공 이후 한산하던 보은공설운동장이 사람들로 북적거리면서 활기가 넘치게 되었다. 이렇게 형성된 축구 자산을 바탕으로 전지훈련 방문팀에 대한 서비스를 강화하고 적극적인 마케팅을 벌인 덕분에 전국 최고의 하계훈련장으로 거듭났다. 13년 연속 여자축구 리그전을 유치한 결과 이제 보은이라면 '여자축구의 메카'로 통하게 되었다.

"지방소멸의 위기감이 높아가는 가운데 지자체들은 이렇게 지역의 특색자원과 문화를 발굴하여 지역경제의 활로를 찾아가고 있다. 대규모 개발사업이나 외부 자본 유치도 좋지만, 내부의 특색과 역량을 통해 활기를 찾는 이런 자구 노력이 지속 가능한 발전으로 이어질 것이다."

혁신적인 아이디어로 지역자원을 다시 살려낸 지자체도 있다. 광명시는 폐광 뒤 40년간 새우젓 저장소로 쓰이던 동굴을 매입하여 동굴 테마파크로 개조했다. 갱도와 지하 광산 안에 좌석 350개를 갖춘 동굴 예술의 전당, 지하 암반수를 끌어 올려 1급수 토종 물고기를 기르고 전시하는 동굴 아쿠아월드, 195m에 이르는 '와인 동굴' 등을 조성하고 관광객 유치에 나섰다. 여기에 더해 각종 이벤트와 팔도 농산물 상생 장터 등을 운영하고 스마트 관광 안내 시스템을 구축하면서 해마다 100만여 명이 찾는 대표적인 명소가 되었다.

고랭지 채소로 유명한 강원도 평창은 해마다 김장철이면 평창고랭지김장축제를 열어 지역경제 활성화도 촉진하면서 평창의 매력을 널리 알린다. 10일 안팎의 기간으로 열리는 축제에 해마다 수만 명이 몰려 평창은 전국적인 '김장 명소'가 되었다.

지방소멸의 위기감이 높아가는 가운데 지자체들은 이렇게 지역의 특색자원과 문화를 발굴하여 지역경제의 활로를 찾아가고 있다. 대규모 개발사업이나 외부 자본 유치도 좋지만, 내부의 특색과 역량을 통해 활기를 찾는 이런 자구 노력이 지속 가능한 발전으로 이어질 것이다.

　위의 사례로 보면 영동군은 '최대 포도 생산지'라는 로컬 브랜드를 활용해 '와인 명소'라는 새로운 로컬 브랜드를 창출하는 전략을 통해 지역경제 규모를 키우고 부가가치를 높였다. 평창군 역시 사람들에게 높게 인식된 '고랭지 배추'라는 로컬 브랜드를 활용하여 평창에 '김장 명소'라는 새로운 로컬 브랜드를 입힘으로써 지역경제 확대에 성공하고 있다. 그에 비해 보은군은 오랜 노력 끝에 '여자축구의 메카'라는 로컬 브랜드를 새롭게 창출함으로써 지역경제 활성화의 길을 넓혔다.

　지역에서 로컬을 브랜드화하거나 새로운 로컬 브랜드로 재정립할 때는 네 가지 요소를 고려할 필요가 있다. 브랜드 정체성이 새로운가, 특색이 있는가, 로컬이 지닌 역량과 자원이 지속 가능한가 하는 것이다. 그리고 가장 중요하게는 '지역경제와 주민에게 실질적으로 도움이 되는가' 하는 것이다.

지역 특화 산업 지원 방안

　지방균형발전이라는 시대적 과업을 이루기 위한 지역 특화 산업 진흥을 두고 다양한 정책이 수립되고 지원 방안이 강구되어 실행되었다. 그러는 가운데 효과도 적잖았지만, 시행착오도 많았다. 앞으로 지역 특화 산업 정책을 펼 때는 몇 가지 고려해야 할 점이 있다.

　먼저 중앙정부 주도의 하향식 지방 육성을 위한 산업정책에서 벗어나야 한다. 그렇다면 어떻게 해야 할까? 지자체와 지역 주민이 지역 특성에 맞춰 주도하는 정책 시행이 되어야 한다. 다음으로는 지역 산업 구조를 개편하고 그 지역에 특화된 산업을 발굴하여 육성해야 한다. 또 제4차 산업혁명 시대의 요청에 부응하는 산업 정책을 펴되 시행 주체를 지방정부 중심에서 지역 기업 중심으로 전환해야 한다. 끝으로는 지자체의 재정자립도를 높이는 것이 선결 조건임을 잊지 말아야 한다.

　　"지역 특화 산업에 대한 지원을 확대하는 것도 지역경제 활성화에 큰 도움이 되겠지만, 역내 중소기업 성장을 지원하는 일도 그에 못지않게 중요하다. 비수도권 기업의 99%

가 중소기업이고, 노동자의 91%가 중소기업에 종사한다. 이렇게 보면 지역 중소기업 활성화 없이는 지역 경제 활성화도 어렵다는 것을 알 수 있다."

그런 방안들을 실행하기 위해서는 지리적으로 인접한 지역의 주요 특구·지구 등을 연결하고, 해당 지역의 특화 산업 육성과 생태계 구축을 통해 혁신역량이 집적된 지역경제 거점을 육성할 필요가 있다.

그리하여 수도권 외의 14개 시·도에 지정된 지역혁신클러스터를 통해 특화산업 육성에 필요한 기술 개발, 기업 유치, 네트워크 구축·운영 등의 지원을 확대해야 한다.

지역 특화 산업 지원에 관한 해외 사례를 보면 우리 정책을 수립하는 데 좋은 참고가 될 수 있다. 영국은 창업기업과 중소기업에 대한 혜택을 확대하기 위해 사업투자보조금, 지역 벤처자본기금 등 별도 재원을 마련하여 운영한다.

스웨덴은 지역 내 고용 창출에 최우선 순위를 두고 지역투자보조금과 지역고용보조금 지원정책을 시행한다. 프랑스는 사업자 외 노동자에 대한 보조금 지급으로 수도권에서 지역으로의 이전을 유도한다. 일본은 지자체에 권한을 위임하여 지역별

제도 활용의 유연성을 확보한다.

이처럼 지역 특화 산업에 대한 지원을 확대하는 것도 지역경제 활성화에 큰 도움이 되겠지만, 역내 중소기업 성장을 지원하는 일도 그에 못지않게 중요하다. 비수도권 기업의 99%가 중소기업이고, 노동자의 91%가 중소기업에 종사한다. 이렇게 보면 지역 중소기업 활성화 없이는 지역 경제 활성화도 어렵다는 것을 알 수 있다.

04

미래 세대를 위한 교육 정책

과학기술 발전 속도가 더욱 빨라지면서 한 세대 안에서도 삶의 양식이나 가치관이 하루가 다르게 변하는 시대에 교육은 더욱 어려운 문제가 되어가고 있다. 앞 세대의 경험이나 지식이 뒤 세대에게는 무용지물일 수도 있기 때문이다.

우리는 미래가 어떻게 얼마나 변화할지 정확히 예정할 수는 없으므로 미래 세대를 위한 교육과정을 꾸리고 정책을 세우는 데 완벽하게 부합하기는 어려울 것이다. 다만, 우리 미래 세대가 변화에 적응하고 대처해 나갈 수 있는 유연한 사고와 첨단 디지털 환경을 주도적으로 활용할 수 있을 만큼의 과학기술 능력을 키우는 데까지는 교육 역량을 발휘할 수 있을 것이다.

현행 교육 체계와 문제점

　우리가 흔히 말하는 교육은 대개 '국가의 공식 교육 시스템 내에서 작동하는 공교육'을 말한다. 공교육은 주체적인 민주 시민을 길러내는 데 최고의 지향점을 두지만, 건전한 사회를 구성하고 지속시켜 나가는 데 필요한 구성원을 길러내는 역할도 있다. 하지만 그러기에는 현행 한국 교육은 문제가 많다. 문제의식은 우리 내부는 물론이고 외부에서도 날카롭게 인식하여 충고를 건넨다.

　"한국에서 가장 이해하기 힘든 것은 교육이 정반대로 가고 있다는 것이다. 한국 학생들은 하루 15시간 이상을 학교와 학원에서 자신들이 살아갈 미래에 필요하지 않을 지식을 배우기 위해, 그리고 존재하지도 않는 직업을 위해 아까운 시간을 허비하고 있다. 아침 일찍 시작해 밤늦게 끝나는 지금의 한국 교육제도는 산업화 시대의 인력을 만들어내기 위한 것이다."

　미래학자 앨빈 토플러(1928~2016)가 말년에 지적한 한국 교육의 문제점이다. 거의 모든 대입 수험생이 부모와 합작으로 '서울대 의대 진학'을 지상 최대 목표로 삼아 성적순으로 줄을 서는 우리 교육 현실에서 반론의 여지가 없는 뼈아픈 지적이다.

IMF(국제통화기금) 수석 자문위원을 지낸 경제학자 배리 아이켄그린 박사가 "한국의 교육이 시험을 위한 주입식 교육에서 벗어나 창의력을 키우는 교육으로 이행해야 한다"고 건넨 조언도 이미 익숙한 내용이지만, 한국의 경제와 교육을 깊이 연구한 세계적인 석학의 쓴소리로 듣고 보니 새삼스럽다.

"우리 아이들의 행복 지수를 보면 우리 교육의 현실이 그대로 드러난다. 아동과 청소년을 아우른 우리 아이들의 행복 지수는 10점 만점에 6.6점으로, OECD 37개국(평균 7.6점) 중 꼴찌다. 우리 학생들의 학업 수준은 세계적으로 최상위권이지만, 학업에 대한 자신감과 흥미는 모두 평균 이하로, 왜 행복하지 못한지를 보여준다."

달리기 시합을 보면 선수들을 일직선에 세워두고 하나의 목표 지점을 향해 뛰게 하여 일렬로 등수를 가린다. 1등은 세상을 다 얻은 듯 날뛰며 기뻐하고, 2등과 3등도 입상권에 들었으니 기뻐할 법한데 1등을 못 했다며 분한 눈물을 흘린다. 나머지 등수 외의 다수는 그저 실패자로 취급받는다.

바로 이런 풍경이 우리 교육의 현실이다. 그렇다면 어떻게 해야 이런 비교육적인 교육의 패러다임을 바꿀 수 있을까? 그 많은 아이의 꿈이 모두 같을 리 없다. 백이면 백 모두 저마다 성향도 다르고 목표도 다르고 꿈도 다를 것이다. 또 그래야 정상이다. 그렇다면 아이들을 일직선에 세우면 안 된다. 원을 그려놓고 저마다 원하는 방향으로 달릴 수 있도록 해야 한다. 그러면 아이들을 일렬로 줄 세워 성공자와 실패자로 나누는 일은 막을 수 있다.

아이들이 저마다 원하는 방향으로 뛰어가면 각기 다른 분야에서 모두 최고가 될 수 있다. 그러나 모두가 오로지 한 곳만 바라보고 뛰어가면 1등 외에 나머지는 모두 실패가 되고 만다. 이것이 무슨 교육인가.

우리 아이들의 행복 지수를 보면 우리 교육의 현실이 그대로 드러난다. 아동과 청소년을 아우른 우리 아이들의 행복 지수는 10점 만점에 6.6점으로, OECD 37개국(평균 7.6점) 중 꼴찌다. 우리 학생들의 학업 수준은 세계적으로 최상위권이지만, 학업에 대한 자신감과 흥미는 모두 평균 이하로, 왜 행복하지 못한지를 보여준다.

2021년에 한국청소년정책연구원이 내놓은 〈2020 아동 · 청소년 인권실태조사〉 결과는 더욱 충격적이다. '지난 1년간 죽고 싶다고 생각해본 적이 있다'는 학생이 4명 중 1명꼴(응답자의 27%)이었다. 이유는 학업 부담과 성적 고민이 40.0%로 거의 절반을 차지했다. 미래(진로)에 대한 불안(25.5%), 가족 간의 갈등(16%) 그 뒤를 이었다.

우리 교육이 혁신되지 않고서는 우리 아이들을 불행에서 건져낼 수가 없다. 행복한 미래, 더 나은 미래를 열어주기 위해 하는 것이 교육인데, 그 교육 때문에 아이들이 불행하다면 모순도 그런 모순이 없다. 교육이든 뭐든 과정이 불행하면 결과도 불행하게 마련이다. 공부는 힘든 과정이지만, 즐거워야 그 힘든 과정을 이겨낼 수 있다. 교육이 최우선으로 해야 할 일이 공부가 재미있도록 해주는 것이다. 그것이 바로 공교육의 사명이고, 존재 이유다.

미래 세대 교육 방향과 혁신

세계는 바야흐로 인공지능 기술 전쟁판이다. 그런 가운데 오픈AI에서 개발하여 공개한 생성형 인공지능 챗봇 '챗GPT'에 열광하는 한편 인간의 일자리를 대체할까 봐 우려하는 목소리도 높다. 챗GPT는 2022년 11월 30일에 출시된 이후 다양한 활용 가능성을 보여주며 출시 5일 만에 100만 명, 2주 만에 200만 명의 사용자와 연결되었다. 전례 없이 무서운 파급 속도다. 100만 명의 이용자와 연결되는 데 넷플릭스는 3.5년, 에어비앤비는 2.5년, 페이스북은 10개월이 걸렸다. 구글도 곧이어 AI 챗봇 바드를 출시하여 챗GPT와 경쟁에 들어갔다.

생성형 인공지능은 자연어 처리를 이용하여 자동으로 문서를 작성하고, 이미지나 음악, 비디오 등을 자동으로 생성할 수 있다. 생성형 인공지능은 딥러닝, 강화학습 등의 기술을 사용하여 구현되는데, 이를 위해 많은 데이터와 컴퓨팅 자원을 필요로 한다.

문장을 지어내는 챗GPT뿐 아니라 그림을 그려주거나 비디오·오디오·3D를 만들어내는 기술까지 등장하면서 인간의 고유 영역으로 여겨온 창작 분야까지도 소용돌이에 휘말리는 모양새다. 그림에 소질이 없는 사람도 아이디어만 있으면 원하는 그림을 그릴 수 있게 된 현실이 축복일지 재앙일지는 우리 교육의 방향과 혁신에 크게 좌우될 것으로 보인다.

여기서 미래 세대 교육의 방향과 내용을 두고 한 가지 중요한 질문을 만난다.

"미래사회 인재는 어떤 역량을 갖춰야 하는가, 즉 우리는 어떤 교육을 해야 하는가?"

극단적인 기계 문명의 사회에서 무엇보다 인간 정신을 보전할 '인성'이 가장 중요하고도 필요한 역량일 것이다. 그리고 미래기술 발전은 대개 융합과 복합에 따라 이루어질 것이므로 '창의적 융·복합 역량'이 필요할 것이다.

앞으로의 교육 혁신은 급변하는 디지털 세상에 창의적으로 대응할 수 있는 역량을 기르는 방향으로 나아가야 할 것이다. 지식 습득을 넘어 소통하고 공감하는 감성 역량, 비판적이고도 주체적인 사고 역량, 변화에 유연하게 대처하는 자기 주도 학습 역량 등이 배양이 혁신 교육의 내용이 되어야 할 것이다.

"성공과 실패에 대한 기성세대와 우리 사회의 인식이 바뀌어야 한다. 성장하고 배워가는 아이들을 실패자로 만들어서는 안 된다. 학교에서는 실패 역시 배움의 한 과정이어야 하고, 사회에서는 성공을 위해 필요한 자산이어야 한다."

더 중요한 것은 성공과 실패에 대한 기성세대와 우리 사회의 인식이 바뀌어야 한다는 것이다. 성장하고 배워가는 아이들을 실패자로 만들어서는 안 된다. 학교에서는 실패 역시 배움의 한 과정이어야 하고, 사회에서는 성공을 위해 필요한 자산이어야 한다.

"Let's make better mistakes tomorrow!"

미국의 트위터 본사에 내걸린 표어로, "내일은 더 나은 실수를 하자!"는 뜻이다. '실패'를 격려함으로써 창의력을 마음껏 발휘하도록 북돋는 것이다. 신입사원을 뽑을 때 '실패를 가장 많이 겪은 지원자'부터 우선 뽑는 기업이 결국 가장 우수한 인재를 확보한다는 조사 결과가 있다. 일단 학교 문을 나서면 실패를 허용하지 않는 우리 사회는 실패를 많이 겪은 젊은이가 설 자리는 거의 없다.

직업 교육과 평생 교육의 강화

직업 교육 차원에서 본다면 사회에 나오기 직전의 학교 교육이 중요할 것이다. 그러나 과학기술 발달에 따른 직업 환경 변화가 워낙 심해서 학교 교육만으로는 대응하기 어렵게 되었다. 그래서 직업 교육에 특화된 평생 교육 체계의 수립과 강화가 더욱 필요하다.

백세 시대가 실현됨에 따라 최종 학교 졸업 후 60~70년은 경제 활동을 하게 되었다. 그러자면 직업 생활을 하는 동안 적게는 네다섯 번, 많게는 열댓 번까지 기술 발전에 대응하기 위한 재교육이 필요하다. 앞으로는 직업 생활을 하려면 평생 교육이 필요하다는 얘기다.

학교 교육이든 직업 교육이든 평생 교육이든 이제 교과과정도 혁신되어야 한다. 그동안의 교육이 지식 전달에 치중되었다면, 비유하건대 물고기를 잡아주는 데 치중되었다면 이제는 물고기 잡는 능력을 키워주는 방향으로 전환되어야 한다.

동아시아 4개국(한국, 중국, 대만, 일본)의 교육 전문가들이 참가한 국제교양교육 포럼에 초청받은 독일 마인츠대학교의 크라우쉬 총장이 강연한 〈미래를 위한 대학교육— 연구 중심 수업〉의 '연구 중심 수업' 이 바로 물고기 잡는 능력을 키워주는 교육이다. 크라우쉬 총장은 "학교는 학생들에게 참여 기회를 최대한 부여하는 '연구 중심 수업' 에 방점을 두어야 한다" 면서 "이는 모든 학생이 연구에 참여한다는 의미일뿐더러 취업 가능성을 높이는 데도 간과할 수 없는 부분이다. 그런데 사실 두 요소는 상충되지 않는다" 고 했다. 연구 중심 수업이 취업 기회도 넓혀준다는 얘기다.

이렇게 키운 '연구 역량'은 질문을 제기하는 능력, 실패를 통해 배우는 능력, 새로운 해답을 찾아가는 능력을 의미한다. 절차에 대해 질문하고, 학생들이 이런 능력을 갖추면 취업에도 도움이 될뿐더러 어떤 조직에서 일하든 필수 역량으로 발휘될 것이다.

"학교 교육이든 직업 교육이든 평생교육이든 이제 교과 과정도 혁신되어야 한다. 그동안의 교육이 지식 전달에 치중되었다면, 비유하건대 물고기를 잡아주는 데 치중되었다면 이제는 물고기 잡는 능력을 키워주는 방향으로 전환되어야 한다."

"2030년이 되면 세계 대학의 절반이 사라질 것이다."

구글이 21세기 최고의 미래학자로 꼽은, 다빈치 연구소의 토머스 프레이 소장이 내놓은 예측이다. 한국에는 《미래와의 대화》의 저자로 알려진 프레이 소장은 현재 의정부시에서 건립 중인 '나리벡 미래직업체험관'의 고문을 맡고 있기도 하다.

인공지능 기술의 비약적인 발전으로, 오늘날과 같은 대학 시스템을 고수한다면 대학의 존립 이유가 사라진다는 얘기다. 특히 한국의 대학은 벌이가 더 나은 직업을 얻기 위한 발판으로 인식되어왔고, 그런 목적으로 교육을 받아왔다. 한국의 고등교육 이수율이 그런 사정을 증명한다.

〈OECD 교육지표 2021〉에 따르면 지난해 한국 성인(만25세~64세)의 고등교육 이수율(50.7%)은 OECD 평균(40.3%)보다 10.4%나 높다. 청년층(만 25~34세)만 따지면 훨씬 더 높아져 70%에 이른다. 물론 OECD 국가 중 단연 1위다. 한국의 뿌리 깊은 '학력 만능주의'를 보여주는 수치다.

미래에는 기존의 학제가 크게 변화할 것이고, 또 변화해야 한다. 현행 대학 학제는 6학기(3년제)나 8학기(4년제)를 이수해야 학위를 취득할 수 있는데, 그것으로는 갈수록 더 빠른 주기로 변화하는 직무 역량 교육에 대응하기가 어렵다. 그래서 직업 생활을 하는 중에도 계속해서 배워야 하는 평생 교육 체제로 갈 수밖에 없다. 그러자면 4주 또는 8주, 길어도 3~4개월 만에 이수할 수 있는 다양한 커리큘럼이나 학제가 필요하다. 또 그런 초단기 커리큘럼이나 단일 과목 이수 학위의 수요가 더욱 높아질 것이다.

가령, 항공기 정비사로 일하는 사람이 어느 날 전문 드론 조

종사가 되고 싶은 꿈이 생겼다. 그러나 현행 학제나 커리큘럼으로는 그 꿈을 이루는 데 필요한 학위나 자격증을 취득하기가 어렵게 되어 있다. 그러므로 **초단기에 교육과정을 이수하고 필요한 자격을 갖출 수 있도록 교육 체계를 평생 교육 체계로 전환하고 혁신해야 할 것이다.**

KDI(한국개발연구원)이 작성한 〈미래를 준비하는 평생학습 지원체계 구축〉 보고서에도 앞으로 평생 교육이 더욱 중요해질 것으로 예측했다. 앞으로 더욱 수요가 늘어날 직무능력 재교육과 평생 교육을 분야별로 특화된 전문대학이 담당하게 하는 것도 추진할 만한 방안이다. 미래 변화에도 유연하게 대응하고 대학도 살릴 수 있는 일석이조의 묘안이 될 수도 있다.

미래를 예측하는 것보다 더 중요한 것은 우리가 원하는 미래를 만들어가는 것이다

미래를 예측하는 것은 어렵습니다. 그냥 어려운 게 아니라 정말 어렵습니다. 기상예보관도 아침에 출근할 때 우산을 챙겨야 할지 말아야 할지 결정하기는 쉽지 않을 것입니다.

물리학자들은 아예 미래를 예측하는 것은 불가능하다고까지 말합니다. 나비 효과나 프랙털 구조와 같은 카오스 현상으로 인해 원인을 알아내기는 거의 불가능하며 결과를 예측하기는 너무나 어렵습니다(부분을 이루는 요소들이 전체와 닮은꼴을 프랙털이라고 합니다). 아주 미미한 바이러스 하나에도 온 세계가 4년째 쩔쩔매고 있습니다. 그저 몇 달에서 길어도 1년이면 끝나려니 했지, 이렇게 오래 계속되리라고는 아무도 '예측'하지 못했습니다. 더 두려운 것은 이것으로 끝이 아닐 수도 있다는, 어떤 일이 더 일어날지 아무도 '예측' 할 수 없다는 것입니다.

이처럼 미래는 아무도 미리 알 수가 없습니다. 그런데도 우리는 생존해야 하고, 이왕이면 더 나은 조건으로 생존해야 해서 미래를 예측해 대비하려는 것입니다. 우리가 어제보다 나은 오늘을 살 수 있는 까닭은 그 어려운 '미래 예측' 을 해내기 위해 끊임없이 애쓰면서 창의와 혁신의 노력을 멈추지 않기 때문일 것입니다.

디지털 문명의 비약적인 발전으로 대전환기에 들어선 인류 세계는 변화의 속도가 빨라져 갈수록 점점 더 예측하기가 어렵게 되었습니다. 그래도 우리가 예측을 지레 포기할 수 없는 까닭은, 또 포기해서도 안 되는 까닭은, 예측하는 과정에서 우리가 원하는 미래는 어떤 미래인지를 더 잘 알게 되고 한 걸음이나마 그 미래를 향해 나아갈 수 있기 때문입니다.

우리의 미래 예측이 어긋날 수도 있고 적중할 수도 있지만, 미래를 예측하는 것보다 더 중요한 것은 우리가 원하는 미래를 만들어가는 것입니다. 독자 여러분도 저마다 원하는 미래를 알게 되고, 그 미래를 만들어 가시기 바랍니다.

당신이 생각한 마음까지도 담아 내겠습니다!!

책은 특별한 사람만이 쓰고 만들어 내는 것이 아닙니다.
원하는 책은 기획에서 원고 작성, 편집은 물론,
표지 디자인까지 전문가의 손길을 거쳐
완벽하게 만들어 드립니다.
마음 가득 책 한 권 만드는 일이 꿈이었다면
그 꿈에 과감히 도전하십시오!

업무에 필요한 성공적인 비즈니스뿐만 아니라 성공적인 사업을 하기 위한
자기계발, 동기부여, 자서전적인 책까지도 함께 기획하여 만들어 드립니다.
함께 길을 만들어 성공적인 삶을 한 걸음 앞당기십시오!

도서출판 모아북스에서는 책 만드는 일에 대한 고민을 해결해 드립니다!

모아북스에서 책을 만들면 아주 좋은 점이란?

1. 전국 서점과 인터넷 서점을 동시에 직거래하기 때문에 책이 출간되자마자 온라인, 오프라인 상에 책이 동시에 배포되며 수십 년 노하우를 지닌 전문적인 영업마케팅 담당자에 의해 판매부수가 늘고 책이 판매되는 만큼의 저자에게 인세를 지급해 드립니다.

2. 책을 만드는 전문 출판사로 한 권의 책을 만들어도 부끄럽지 않게 최선을 다하며 전국 서점에 베스트셀러, 스테디셀러로 꾸준히 자리하는 책이 많은 출판사로 널리 알려져 있으며, 분야별 전문적인 시스템을 갖추고 있기 때문에 원하는 시간에 원하는 책을 한 치의 오차 없이 만들어 드립니다.

기업홍보용 도서, 개인회고록, 자서전, 정치에세이, 경제 · 경영 · 인문 · 건강도서

모아북스 문의 0505-627-9784
MOABOOKS

리더의 격(양장)

김종수 지음
244쪽 | 15,000원

감사, 감사의 습관이 기적을 만든다

정상교 지음
246쪽 | 13,000원

직장 생활이 달라졌어요

정정우 지음
256쪽 | 15,000원

살아가면서 한번은 당신에 대해 물어라

이철휘 지음
256쪽 | 14,000원

내 손을 잡아줘

김선우 지음
264쪽 | 20,000원

숫자에 속지마

황인환 지음
352쪽 | 15,000원
(2017 세종도서 교양부문 선정)

행복한 노후 매뉴얼

정재완 지음
500쪽 | 30,000원
(2022 세종도서 교양부문 선정)

1등이 아니라 1호가 되라(양장)

이내화 지음
272쪽 | 15,000원

삶을 업그레이드 하는 더 나은 삶 ———————————

걷다 느끼다 쓰다

이해사 지음
364쪽 | 15,000원

내 글도 책이 될까요?

이해사 지음
320쪽 | 15,000원
(2021 우수출판콘텐츠 선정작)

누구나 쉽게 작가가
될 수 있다

신성권 지음
284쪽 | 15,000원

베스트셀러 절대로
읽지 마라

김욱 지음
288쪽 | 13,500원

독한 시간

최보기 지음
248쪽 | 13,800원

독서로 말하라

노충덕 지음
240쪽 | 14,000원

배움은 어떻게
내 것이 되는가

박성일 지음
212쪽 | 16,000원
(2021 텍스트형 전자책 · 오디오북
제작 선정작)

놓치기 아까운
젊은 날의 책들

최보기 지음
248쪽 | 13,000원

미래예보

초판 1쇄 인쇄 2023년 12월 08일   **3쇄** 발행 2024년 01월 23일
2쇄 발행 2023년 12월 15일

지은이 정호준
발행인 이용길
발행처 모아북스
         MOABOOKS

관리 양성인
디자인 이룸

출판등록번호 제 10-1857호
등록일자 1999. 11. 15
등록된 곳 경기도 고양시 일산동구 호수로(백석동) 358-25 동문타워 2차 519호
대표 전화 0505-627-9784
팩스 031-902-5236
홈페이지 www.moabooks.com
이메일 moabooks@hanmail.net
ISBN 979-11-5849-227-4 03300